EINE KULINARISCHE ENTDECKUNGSREISE

durch Sachsen-Anhalt und den Harz

Anja Kummerow
Ingo Schmidt
Inka Schneider
Stefan Gräf
Reiner Kaltenbach

EINE KULINARISCHE ENTDECKUNGSREISE

durch Sachsen-Anhalt und den Harz

MIT DEN BESTEN REZEPTEN AUS DER REGION

UMSCHAU

Neuenburg

Inhalt

Magdeburger Börde

Harz

Cranach-Hof

Freyburg

An der Saale

Ackerbürger Hof, Halle

Salzatal

Vorwort

Liebe Leserinnen und Leser,

auch die Liebe zu einem Land kann durch den Magen gehen. Mit dem Essen ist dann ein Anfangspunkt gesetzt, um auch Geschichte, Natur und Leute kennenzulernen. Ich wünsche dem vorliegenden Buch besonders, dass es Menschen auch über den Tellerrand hinaus neugierig macht auf unser schönes Land in Deutschlands Mitte.

Sachsen-Anhalt verbindet sehr verschiedene Regionen miteinander. Ganz im Norden findet sich die Altmark, die immer zu den Kernlanden Brandenburgs gehört hat. In der Mitte liegen die alten Bistümer Magdeburg und Halberstadt, die nach dem Westfälischen Frieden an den Hohenzollernstaat kamen. Den Süden des Landes wiederum bilden die sächsischen Gebiete, die während des Wiener Kongresses Preußen zugesprochen wurden. Im Wesentlichen wurde 1815 aus diesen drei territorialen Beständen die preußische Provinz Sachsen gebildet. Durch die Vereinigung dieser Provinz mit dem Land Anhalt entstand 1945 das Land Sachsen-Anhalt. So wurde es 1990 auch wiedererrichtet und ein geschichtsträchtiger Teil der Bundesrepublik Deutschland.

Aber auch die Landschaft Sachsen-Anhalts ist mindestens so abwechslungsreich gegliedert wie seine geschichtliche Entwicklung. Da finden sich das Elbtal mit seinen weiten Niederungen, die landwirtschaftlich geprägte Magdeburger Börde, das Burgenland an Saale und Unstrut, der vielbesungene Harz, das Mansfelder Land mit seinen bergbaulichen Traditionen und das einzigartige Dessau-Wörlitzer Gartenreich. Jede dieser Landschaften wiederum ist überreich an Orten und Details, die der Entdeckung lohnen.

Besonders schön ist es natürlich, das alles auch kulinarisch zu erleben. Immer haben sich der Charakter der Landschaft und der Verlauf der Geschichte im Wesen der Menschen und damit auch in ihrer Küche niedergeschlagen. Die Zusammenarbeit mit örtlichen bäuerlichen Betrieben wird auch in der Tourismusbranche immer enger. Frische und Güte der Waren sind dadurch garantiert. Immer stärker orientiert sich qualitätsvolles Gastgewerbe an der Pflege und Bewahrung regionaler Besonderheiten und Spezialitäten. Sachsen-Anhalt ist auch daran ungewöhnlich reich. Jede Aufzählung verbietet sich an dieser Stelle natürlich, weil sie immer Gefahr läuft, etwas Wichtiges zu vergessen und sich die Leserin und der Leser schließlich selbst auf den Weg machen sollten.

Es empfiehlt sich nämlich immer, das kulinarische Entdecken mit einer Tour zu verbinden. Sachsen-Anhalt freut sich über Menschen, die sich neugierig auf die Reise machen, um Land und Leute zu erleben. Es lohnt dabei besonders zu erkunden, was sich seit 1990 im touristischen Bereich und vor allem im Gastgewerbe verändert hat. Hier ist beispielhaft nachzuvollziehen, welche großartige Entwicklung unser Land genommen hat.

Ich lade Sie herzlich ein, kommen Sie nach Sachsen-Anhalt, entdecken Sie ein Land, dessen Küche so abwechslungsreich und phantasievoll ist wie seine Menschen.

Dr. Reiner Haseloff
Ministerpräsident von Sachsen-Anhalt

Einführung

Auch über 20 Jahre nach dem Mauerfall ist Sachsen-Anhalt für viele Westdeutsche noch „terra incognita", die Grenzverläufe dieses Bundeslandes vielfach unzureichend bekannt.

Einfacher mit der geografischen Einordnung hat man es mit dem Harz: Es war Goethe, der den nördlichsten Ausläufer des Mittelgebirges im „Faust" zum deutschen Kulturgut werden ließ, den Hexentanzplatz nach Thale verlegte und den Brocken zum Blocksberg machte. Mystisch ist der Harz nicht nur wegen literarischer Zuschreibungen oder des alljährlich zur Walpurgisnacht neu auferstehenden Hexenkultes, auch die unbezwungene Natur, die sich immer wieder in dichten Nebel hüllt, tut ihr Übriges dazu.

Bekannt ist auch die Lutherstadt Wittenberg, die Zeuge umwälzender Kirchengeschichte wurde, oder Halle, wo Georg Friedrich Händel im 18. Jahrhundert seine ersten Opern komponierte und damit den Grundstein für den internationalen Siegeszug der deutschen Barockmusik legte. Magdeburg, Landeshauptstadt und ehemalige Hansestadt, ist heute wieder ein zentraler Verkehrsknotenpunkt und Wirtschaftsstandort in Europa.

Dass sich bei Merseburg schon vor 400 000 Jahren Ureinwohner ansiedelten, die für die damalige Zeit als sehr gesellig galten, weiß man aus Ausgrabungsfunden der jüngsten Vergangenheit. Und dass es dort auch heute noch so zugeht, dürfte nicht erstaunen. Dass in Nebra mit der Himmelsscheibe die älteste bekannte Darstellung astronomischer Zusammenhänge gefunden wurde, dass die russische Zarin Katharina, die Große eine Prinzessin von Anhalt-Zerbst-Dornburg war, dass es im länderübergreifenden Mittelgebirge zwischen Quedlinburg und Goslar gleich mehrere UNESCO-Welterbestätten gibt, all das gehört zu dieser Region. Und noch viel, viel mehr.

Im Mittelpunkt unserer Reise aber stand die Kulinarik: Wir haben vielen Köchen in die Töpfe geschaut, in gemütlichen Gaststuben, in hochherrschaftlichen Häusern gesessen, haben trendige Locations gefunden, in denen frischer Wind Einzug gehalten hat und dabei gestaunt über den Mut zur Innovation und über die Kreativität der Menschen, die hier leben, und diesen Teil Deutschlands zu einem äußerst bemerkenswerten gemacht haben.

Die Weitläufigkeit, die vielseitige und fruchtbare Landschaft, die reiche Geschichte und Kultur finden sich in den Gerichten und in deren Namen wieder: Hier heißt das Eisbein „Bötel", man serviert „Hackus und Kniester" und der Kuchen erhält eine Baumform. Und wo – wie in Quedlinburg – ein obergäriges Bier „Pubarschknall" heißt, da kann es doch nur sinnlich, genussvoll und spaßig zugehen.

Uns jedenfalls hat es viel Spaß gemacht, hier für Sie auf Wanderschaft gewesen zu sein. Viel Freude wünschen wir Ihnen nun für Ihre eigenen Streifzüge durch Sachsen-Anhalt und den Harz!

Burggarten Salzwedel

Erste Salzwedeler Baumkuchenfabrik

Wo die Schokoladenbäume wachsen

„Probieren geht über Studieren", sagt Oskar Hennig gerade und reicht einen großen Teller mit frischen Baumkuchenstücken herum. Die Reisegruppe von etwa 40 bis 50 Frauen und Männern, die auf ihrem Tagesausflug in das hübsche Fachwerkstädtchen Salzwedel auch die Erste Baumkuchenfabrik besucht, greift begeistert zu. Und augenblicklich ist in der genießerischen Stille höchstens noch ein saftiger Schmatzer oder ein „Mhhm, lecker" zu vernehmen ...

Viele Jahre lang hat der inzwischen 76-jährige Konditormeister in der ehemals volkseigenen Baumkuchenproduktion gearbeitet. Das handgeschriebene, geheime Rezept aber, nach dem schon 1807 die Kuchen gebacken und an die großen Fürstenhäuser Europas geliefert wurden, setzte er erst nach der Wende im eigenen Betrieb ein: 1984 hatte er die verheimlichte Rezeptur, deren Geheimnis eine besondere Gewürzmischung ist, von der Tochter des letzten selbstständigen Fabrikbesitzers, Andreas Schernikow, geerbt. Anfang der 1990er Jahre begann er dann in neuen Räumen mit der Produktion. Inzwischen in Rente, führt er angemeldete Besuchergruppen regelmäßig durch die „Fabrik", die eigentlich eine Manufaktur ist: Jeder der etwa ein Meter langen und fünf Kilo schweren Baumkuchen wird in reiner Handarbeit hergestellt. Einzelne Besucher können jederzeit, auch ohne Anmeldung, ein Blick in die Backstube werfen. Auch naschen darf jeder.

Dort stehen die Bäcker täglich acht Stunden vor der offenen Flamme und gießen – „Jahresring" für „Jahresring" – eine leichte Baumkuchenmasse auf die sich gleichmäßig drehenden Walzen aus Buchenholz. Es ist eine feine Sandmasse, allein durch aufgeschäumtes Eiweiß und ganz ohne Backpulver gelockert. Da sind viel Aufmerksamkeit und Feingefühl gefragt, damit sich die zehn zarten Schich-

Zum
50.
Liebe Wünsche

ten miteinander verbinden und nicht reißen. „Bis 1960 wurde noch mit Holz gebacken, das ständig neu nachgelegt werden musste. Da war die Arbeit wirklich hart", erzählt Oskar Hennig während seiner Führung durch die Backstube. „Seit wir mit dem sauberen, gleichmäßig brennenden Gas backen, schaffen wir in nur wenigen Tagen, was im 19. Jahrhundert noch eine ganze Jahresproduktion war: 80 Baumkuchen."

In nur 20 Minuten ist ein Rohling heute fertig gebacken. Dann allerdings muss er über Nacht noch vollständig auskühlen, bevor er mit weißer, Vollmilch- oder dunkler Schokolade oder mit der ursprünglichen Fondantglasur überzogen werden kann. Doch egal in welcher Farbe – am Ende sieht ein Baumkuchen immer aus wie ein Baumstamm mit beschnittenen Ästen. „Das Typische an dem Salzwedeler Baumkuchen ist, dass er ‚wild wachsen' kann und nicht ‚abgekämmt' wird", verweist Bettina Hennig auf die Spezialität des Hauses. Sie ist eine von Oskar Hennigs Töchtern und führt

seit 2000 die Geschäfte. Die andere, Heike, schmückt in filigraner Handarbeit die Baumkuchen auf Wunsch mit rosa Marzipanrosen.
In dem echten Familienbetrieb arbeiten auch noch Bettina Hennigs Tochter Hanni sowie der Neffe Maik Suske aktiv mit. Beide wachen zum Beispiel darüber, dass alle Online-Bestellungen ordentlich und schnell an die Privatkunden aus aller Welt versandt werden – nicht nur zur Weihnachtszeit. „Innerhalb von zwei Tagen ist unser Kuchen beim Kunden."

Verpackt in Zellophan und völlig ohne Konservierungsstoffe hergestellt, sollte der feine Kuchen möglichst binnen 10 Tagen verzehrt oder frisch eingefroren werden. Die eigene Erfahrung aber lehrt, dass es soweit in den meisten Fällen gar nicht erst kommt: Einmal in das zarte Baumkuchenstück gebissen, ist ein freiwilliges Aufhören – bevor der Teller leer ist – nur unter Aufbietung allerletzter Willenskraftreserven möglich ...

Erste Salzwedeler Baumkuchenfabrik
Inhaberin: Bettina Hennig
St. Georg-Straße 87
29410 Salzwedel
☎ 0 39 01 / 3 23 06
www.baumkuchen-salzwedel.de

NABU
ZÖNU
ELBE-LAND-MUSEUM
Ausstellung
Streuobst-Mosterei
& Klause
Kreativ-Werkstätten
QUIKSILVER
ZÖNU

Natur pur

Elbezentrum und Heuherberge

Die malerische Elbauenlandschaft der Altmark ist nicht nur schön anzusehen, sie ist auch die letzte intakte naturnahe Flusslandschaft Mitteleuropas – und steht als einzigartiges Biosphärenreservat unter dem Schutz der UNESCO, wie beispielsweise auch das Wattenmeer. Die wechselnden Hoch- und Flachwasserstände bieten unzähligen Insekten- und Froscharten den Lebensraum, den sie woanders nur noch schwer finden. Und das wiederum lockt wegen des reichen Speisezettels Störche und sogar See- und Fischadler an: „Nirgendwo kann man mehr Weißstörche zählen", bestätigt Peter Neuhäuser.

Seit vielen Jahren leitet er das Bucher Elbezentrum und organisiert für Klassen, Familien und Individualreisende spannende Ausflüge, die „im Einklang mit der Natur" stehen. Urlaub in seiner Heuherberge – einer urigen Fachwerk-Ökoscheune – bedeutet deshalb nicht nur, im duftenden (Bio-)Heu aufzuwachen und zum Frühstück selbst gebackenes Brot aus dem Lehmofen zu essen. Hier kann man den ganzen Tag Natur pur erleben: Adebar live bei der Aufzucht zugucken – die Webcam im Horst sendet rund um die Uhr. Mit einem Boot an Biberburgen vorbeipaddeln, per Mehrpersonenrad der „Straße der alten Obstsorten" folgen. Vom Beobachtungsturm Kranichen bei der Rast zusehen, oder den Wasserbüffeln und Auerochsen, die eigentlich ausgestorben sind, nun aber – als rückgezüchtete Heckrinder – auf extra für sie gepachteten Wiesen frei laufen „und mit jedem Tritt das Ökosystem stärken."

Übrigens, essen kann man das Fleisch dieser glücklichen Rinder, die ohne Zufütterung ganzjährig auf den Weiden stehen, auch: Pro Jahr werden einige Auerochsen von einem Bio-Schlachter stressfrei geschlachtet und zu Wurst und Steaks verarbeitet. Gulasch und Bratwurst von Galloways, die ihnen auf der Weide Gesellschaft leisten, gibt es beim zünftigen Grillbuffet außerdem.

Elbezentrum und Heuherberge
Betreiber: Dr. Peter Neuhäuser
Bucher Querstraße 22
39590 Tangermünde OT Buch
☎ 03 93 62 / 8 16 73
www.elbetourist.de

Ringhotel
Schloss Tangermünde

Himmlische Ruhe, romantische Träume

Hirschrücken im Blätterteigmantel auf Holunderjus und geschmorten Waldpilzen

Das Rezept zur Spezialität des Hauses finden Sie auf Seite 30

Von der kleinen Elbterrasse sieht der Gast auf eine Landschaft von Caspar David Friedrich. Nur dass es kein Gemälde, sondern echte Natur ist, auf die er blickt: Weide. Weite. Einsamkeit bis zum diesigen Horizont, dazwischen vereinzelte Bäume. Ruhig fließt der Tanger davor, der an dieser Stelle in die Elbe mündet, manchmal zu still: „Manche Gäste schlafen schlecht in der ersten Nacht", verrät Melanie Busse und lacht. Kein Fluglärm, kein Motorengeknatter, keine Sirene könne den Schlaf stören. „Das sind viele gar nicht gewohnt." Aber das gibt sich bald, weiß die gebürtige Tangermünderin, die seit 12 Jahren ihr Hotel leitet: Schnell komme man in der malerischen Umgebung selbst zur Ruhe – spätestens, nachdem man die „Kaisertherme" ausprobiert hat, also das hauseigene Schwimmbad mit Saunalandschaft und verschiedenen Wohlfühl-Anwendungen.

Der großzügige Wellnessbereich ist die vorerst letzte Neuerung auf dem Areal, das zu den größten Höhenburgen Norddeutschlands zählt und die Stadt um 6 Meter überragt. Im 14. Jahrhundert stand an dieser Stelle die Zweitburg von Kaiser Karl IV., die während des Dreißigjährigen Krieges zerstört wurde. 1699 im Auftrag von Friedrich I. auf den alten Fundamenten neu erbaut, ist das schmucke Haupthaus heute das Herzstück der Schlossanlage. Von den ursprünglichen Gemäuern ist noch die Stadtmauer sowie der Kapitelturm als Aussichtsturm erhalten. Und die Alte Kanzlei, wo während des Mittelalters Urkunden und Verträge verfasst wurden. Und wo heute gefeiert wird – der authentische Festsaal bildet den idealen Rahmen für romantische Hochzeiten.

Stück für Stück hat Melanie Busse die denkmalgeschützte Anlage sanieren lassen, mit tatkräfti-

ger Unterstützung ihres Vaters, der viele Jahre im denkmalpflegerischen Bereich tätig war. „Wenn ich vorher gewusst hätte, welche Ausmaße das Hotel einmal annimmt, hätte mich wahrscheinlich der Mut verlassen", erzählt sie. Als sie das leerstehende Haus, in dem bis zum Mauerfall ein Kinderkrankenhaus untergebracht war, kaufte, war sie gerade 27 Jahre alt.

Ob es an der großartigen Aussicht liegt, dass die Hauptterrasse dauerbesetzt ist, sobald das Wetter es zulässt? Oder an der guten Küche, die der ländlichen Umgebung angepasst ist? Immer beliebt sind die Eisbeinsülze mit Bratkartoffeln oder das Wildgulasch. Jung wie sein Team, erklärt Küchenchef Sebastian Schulz, seien aber auch die Einflüsse, mit denen die klassische Küche verfeinert

und um überraschende Aroma-Kombinationen erweitert wird: Die Maispoularde zum Beispiel wird mit einer Bananen-Curry-Sauce auf Jasminreis serviert. Und das Lammfilet mit Ratatouille in einer Taco-Schale, die einer Lilienblüte ähnelt. „Bei uns gibt es aber keine bemalten Teller", ergänzt er, „sondern reelle Portionen." Viermal im Jahr wechselt die Stammkarte, dazu kommen jeweils extra Gerichte der Saison – alle zubereitet mit Produkten der Bauern, Jäger und Elbefischer aus der Gegend.

Für einen „Wow!-Effekt" sorgt auch das Dutzend selbst produzierter Milchspeiseeis-Sorten, darunter so ausgefallene Kreationen wie Lavendeleis, Chili-Mango oder Pflaume-Zimt. Die Spezialität des Hauses ist aber das „Tangermünder Nährstangenparfait" – Geeistes aus dem einst DDR-typischen Energieriegel, der inzwischen wieder nach altem Rezept von einem örtlichen Bäckereibetrieb hergestellt wird.

Ringhotel Schloss Tangermünde
Inhaberin: Melanie Busse
Amt 1
39590 Tangermünde
☎ 03 93 22 / 73 73
www.schloss-tangermuende.de

Ambiencehotel
„Zur Wolfsschlucht“

Romantik mit Programm

Filet von der großen Maräne mit Altmarkspargel, Kartoffelwürfeln und Estragonbutter

Das Rezept zur Spezialität des Hauses finden Sie auf Seite 30

Die Gans wird im Ganzen serviert. Am Tisch perfekt tranchiert, reicht der kross gebratene Vogel für vier Personen. Es ist ganz zartes, saftiges Fleisch, klassisch gefüllt mit mürben Äpfeln aus der Region und Zwiebeln. „Diese Qualität können Sie auf dem freien Markt gar nicht kaufen“, bestätigt Marko Wolf, der agile Hotelchef, immer auf dem Sprung, etwas Neues, Besonderes für sein Hotel und die Region zu entdecken oder zu entwickeln. „Inzwischen wachsen bei uns übers Jahr 900 Küken gut behütet auf den eigenen Kräuterwiesen auf“, konkretisiert er. Jeweils ab Oktober verstärken sie die Saisonkarte: „Dann gibt es vor allem Wild, von einem Jäger aus der Gegend geschossen sowie unsere Weidegänse und Enten.“

Das Kaminzimmer, wo echtes Kaminfeuer für eine behagliche Atmosphäre sorgt, ist auch der passende Platz für romantische Stunden: Erweitert um zwei Übernachtungen (und einige liebevolle Überraschungen) wird ein 4-Gänge-Menü zum Höhepunkt eines verträumten Wochenendes mit „Kerzenschein & Rosenduft“.

„Das ist nur eines von mehreren Arrangements“, erklärt Marko Wolf, der als „echter Altmärker“ die Gegend bestens kennt. Vor zehn Jahren kaufte der nun 35-Jährige das Hotel samt Restaurant von seinen Eltern und baute es im großen Stil aus. Seither sieht er das moderne Haus vor allem als idealen Startpunkt für Ausflüge in die Weite der unverbauten Altmark: in mittelalterliche Hansestädte wie Tangermünde, in das Thermalbad mit Saunalandschaft in Bad Wilsnack oder in die Erste Salzwedeler Baumkuchenfabrik. Gerade mal zwei Kilometer entfernt liegt der glasklare Arendsee – im Sommer wie gemacht zum Baden, Tauchen, Segeln. Oder für einen Ausflug mit dem Fahrrad zur nahen Maränen-Räucherei. Oder für eine Seeumrundung mit der „Queen Arendsee“. Oder. Oder. Oder.

Ambiencehotel
„Zur Wolfsschlucht“
Inhaber: Marko Wolf
Klädener Dorfstraße 10
39619 Arendsee OT Kläden
☎ 03 93 84 / 98 20
www.hotel-wolfsschlucht.de

Hirschrücken im Blätterteigmantel auf Holunderjus und geschmorten Waldpilzen

Ringhotel Schloss Tangermünde, S. 24

Zutaten für 4 Personen

800 g Hirschrücken | 120 g Blätterteig (4 Blatt) | 8 Scheiben Rohschinken | 100 ml Sahne | 20 g Walnusskerne | 2 Eigelb | 1 Zwiebel | 1 Knoblauchzehe | 600 g Waldpilze, gemischt | 2 cl Madeira | 80 ml Wildjus | 20 ml Holunderblütensirup | Salz | Pfeffer | frischer Majoran

Zubereitung

Das Fleisch waschen und trocken tupfen. Dann die Silberhaut vorsichtig entfernen und Portionen von etwa 160 Gramm zurechtschneiden. Diese mit Salz und Pfeffer würzen und dann in einer Pfanne scharf anbraten. Aus der Pfanne nehmen, auskühlen lassen und mit dem Schinken umwickeln. Aus den restlichen Fleischteilen, der Sahne und den Walnüssen eine Farce herstellen. Den Blätterteig auf einer mehlierten Arbeitsfläche rechteckig ausrollen, bis auf einen Rand von 2 Zentimetern mit der Farce bestreichen und den Hirschrücken in die Mitte legen. Dann die Ränder mit Eigelb bepinseln und zu einem Päckchen zusammenrollen. Das Ganze nochmals mit Eigelb bepinseln und im Backofen bei 200 °C etwa 15 Minuten backen, danach noch etwa 6 bis 8 Minuten an einem warmen Ort ruhen lassen.
Die Pilze putzen, die Zwiebel und den Knoblauch fein hacken, dann in der Pfanne fein anschwitzen, die Pilze dazugeben und anbraten, bis sie etwas Farbe bekommen. Mit Madeira und etwas von der Jus ablöschen und mit Salz, Pfeffer und frischem Majoran abschmecken. Die restliche Jus mit dem Holunderblütensirup aufkochen und als Saucenspiegel anrichten.

Filet von der großen Maräne mit Altmarkspargel, Kartoffelwürfeln und Estragonbutter

Ambiencehotel „Zur Wolfsschlucht", S. 28

Zutaten für 4 Personen

600 g Maränenfilet ohne Gräten | 700 g Altmarkspargel | 500 g festkochende Kartoffeln | 2 TL frisch gehackten Estragon | 160 g Butter | Salz | Pfeffer | geriebene Zitronenschale

Zubereitung

Zunächst die Kartoffeln waschen, schälen und gar kochen. In der Zwischenzeit den Spargel schälen, blanchieren und beiseitestellen. Die Maränenfilets mit der Hautseite zuerst anbraten und mit Salz und Pfeffer würzen, dann die gekochten Kartoffeln in Würfel schneiden. Die Butter zerlassen, die Kartoffelwürfel darin schwenken und mit Estragon und der geriebenen Zitronenschale würzen. Den Spargel, die Kartoffelwürfel und die gebratenen Maränenfilets auf vier vorgewärmte Teller geben und servieren.

BUCHER APFELTRAUM
APFELSAFT
Mosttrinker sind
Naturschützer

Elbe bei Magdeburg

Rathaus

Ulrichsplatz

Magdeburg ist ...

Ottostadt, so das offizielle Landeshauptstadt-Logo. Und tatsächlich: Otto ist allgegenwärtig. Nicht der TV-bekannte Ostfriese, natürlich, sondern König Otto, der Große: Sohn Heinrichs I., Herzog von Sachsen, Bezwinger der Ungarn, König von Italien und ab 962 römisch-deutscher Kaiser ...

Seine halbe Regentschaft hat Otto I. damit zugebracht, sein riesiges Reich zu festigen und zu befrieden. Am Ende reichte es von Schleswig bis Rom und von Antwerpen bis Brünn in Mähren. Wenn man so will, ist er der Urvater Europas. 968 gründete er am östlichsten Zipfel das Erzbistum Magdeburg und besuchte es binnen fünf Jahren 23 Mal – so oft wie keinen anderen Ort während seines Wanderkönigtums. Schöner noch ist die Geschichte mit der Morgengabe: 929 soll er Editha, Tochter des angelsächsischen Königs Edward, zur Hochzeit den Flecken als Wittum (seine Fürsorge, falls sie einmal Witwe werden sollte) geschenkt haben, damit dieser sie stets an ihre Heimat erinnere. So wurde die Elbe zur Themse, wenigstens ein wenig.

Ein Jahrtausend später präsentiert sich die mächtige Königsfigur gern volkstümlich: Otto bechert (auf dem Becher), Otto ist süß (wie Dropse aus der Dose). Er prunkt vom Schlüsselanhänger und Stift. Vor allem aber ist er eine offene Kampagne, an der sich alle Bürger beteiligen können: Wer auch immer eine Idee hat, was Otto (und seine Stadt) noch sein könnte, darf sich einbringen.

So versammelten sich eines Sommers bei „Otto trifft Otto" über 400 Ottos aus aller Welt in der Elbestadt. Ob sie mit Vor- oder Nachnamen Otto hießen, war nicht entscheidend, Hauptsache sie kamen. Und wer seine Gäste, statt auf der eigenen Couch, im Hotel nächtigen lässt, bekommt Rabatt, frei nach dem Motto: „Otto schläft gut. Ihr Besuch schläft besser."

Lukasklause

Renaissancestraße

Otto-Denkmal

Otto I. ruht übrigens im Magdeburger Dom, dem wohl wichtigsten Gemäuer der Stadt: Als er 973 starb, wurde er an der Seite Edithas beigesetzt, was nach neuen archäologischen Tests zweifelsfrei bewiesen ist. So ist Magdeburg auch Domstadt wie Köln, nur dass der imposante gotische Bau, der gerade mit Mitteln der EU saniert wird, sich in kühler Unaufgeregtheit zeigt: Innen verzichtet das hohe Kirchenschiff fast vollständig auf Farbe. Dabei ist Magdeburg vor allem ein wichtiger Kreuzpunkt der 1 000 Kilometer langen „Straße der Romanik", wie eine Ausstellung im nahen „Haus der Romanik" an bemerkenswerten, multimedial aufbereiteten Objekten zeigt.

Vis-à-vis des Domplatzes wird es bunt. Friedensreich Hundertwasser hat den Bau der „Grünen Zitadelle" 2005 nicht mehr erlebt, aber die Pläne dazu noch entworfen: keine gerade Linie, dafür Halbbögen, Goldkugeln und Gras auf dem Dach, was dem rosa Bau auch den Namen gab. Grün sei Magdeburg ohnehin, bestätigt ein Taxifahrer: Die Elbufer blieben bisher zumeist unbebaut. Der Elbauenpark mit Jahrtausendturm, wo man bei gutem Wetter angeblich bis zum Brocken gucken kann, mit Seebühne und Schmetterlingshaus ist immer einen Ausflug wert. Und entlang der Stromelbe gibt es Hafenführungen selbst bei Nacht.

Von der Hanse spricht kurioserweise niemand mehr. Dabei war die Stadt durch ihren Hafen über 500 Jahre lang ihr „Brothaus", nachdem sie 1309 das „Stapelrecht für Getreide" erhielt: Jedes Körnchen Korn, das über die Elbe transportiert wurde,

Hundertwasserhaus

musste in Magdeburg ausgeladen und gegen Gebühr drei Tage gelagert werden. Die Stadt kassierte also für nichts und hatte in Kriegs- und Hungerjahren auch noch ein Vorkaufsrecht an der gestapelten Ware …
Und heute? 20 Jahre nach dem Mauerfall ist immer noch Aufbruch zu spüren. Die Menschen wollen sich wohlfühlen in ihrer Stadt, die während des Zweiten Weltkrieges stark zerstört worden ist, und sie tun viel dafür. Obwohl, etwas maulfaul wirke der Magdeburger schon noch manchmal, erklärt ein Urstadtkind, das selbst dazu neigt, Wörter wie ‚Elf' als ‚Ölf' auszusprechen. Es klingt dann, als wenn er, der Magdeburger, die Zähne nicht auseinanderkriege. Aber im Grunde seines Herzens sei er doch ein wirklich guter, hilfsbereiter Geselle. Man müsse ihn nur fordern. Und eventuell auch mal eine zweite Frage stellen.

Verlobungsinsel

DINDON
REVUE
QUORUM

Fein, feiner, Feinschmecker

Red Snapper

14 Punkte und eine Haube vom Gault Millau sowie eine Erwähnung im Guide Michelin 2012, das ist doch schon was. Auf jeden Fall ist es die höchste Prämierung, die ein Magdeburger Restaurant jemals bekommen hat. „Natürlich freuen wir uns über diese Auszeichnungen", sagt Dirk Warras, einer der beiden Chefs des prämierten Lokals. „Aber entscheidend ist doch das Tagesgeschäft: Sind die Gäste zufrieden oder nicht", fügt er relativierend hinzu.

Und die sind sogar begeistert: Gregor Gysi will hier die beste Bouillabaisse seines Lebens – außerhalb von Marseille – gegessen haben. Für Jens Bullerjahn, Finanzminister des Landes, ist es das erklärte Lieblingslokal. Und auch viele bekannte Gesichter aus Funk, Fernsehen, Wissenschaft und Wirtschaft waren schon da, seit sich herumgesprochen hat, dass sich hinter der unauffälligen Fassade ein Spitzenrestaurant befindet, das im Umkreis von 150 Kilometern seinesgleichen sucht. „Aber wir machen da keine Unterschiede", erklärt er. „Den Tisch bekommt, wer zuerst reserviert."

Innen wirkt das Restaurant durch das stimmige Ambiente im warmen freundlichen Rot einladend. Erst recht die tagesaktuellen Vorschläge auf der Tafel: Anfang Juni gibt es zarte Primpjes (erste Matjes), geliefert vom Hoflieferanten des Holländischen Königshauses. Im Winter dafür Thun-

Kross gebratenes Zanderfilet „Polnisch" auf Lauchmousseline, Blumenkohl und Wachteleier

Das Rezept zur Spezialität des Hauses finden Sie auf Seite 60

Goethes Sommerfrische

Einmal war er dagewesen, das war während seiner Sommerreise 1805. Da besuchte der 56-jährige Johann Wolfgang von Goethe die Stadt und einen Freund, den Bischof. Ein paar Einheimische gesellten sich im Salon dazu. Und da man anscheinend sehr angeregt und erbaulich parlierte, soll der Geheime Rat aus Weimar seine erste Begegnung mit den Magdeburgern als äußerst freundlich in Erinnerung (und in seinen Notizen) behalten haben ...

„So sollte es immer sein", kommentiert Ingo Rektorik und zeigt ein ebenso freundliches Lächeln. Der gebürtige Magdeburger übernahm das Hotel, nachdem er viele Jahre in den „alten Bundesländern", darunter im Frankfurter „Kempinski", gearbeitet hatte. Das war 1999. Zusammen mit einem Geschäftspartner und seiner Frau Jana, die sich liebevoll um das Wohlbefinden der Gäste kümmert, führt er seither den eigenständigen Familienbetrieb mit viel Enthusiasmus und persönlichem Einsatz, und bekommt deshalb auch schon mal Post, die an den „Geheimrat Rektorik" adressiert ist: „In Österreich ist das angeblich noch ein gebräuchlicher Titel", erklärt er. „Die meisten Gäste aber wissen, dass der Hotelname nur den alten Goethe meint."

Wer das Haus betritt, das erst 1906, 100 Jahre nach des Dichters Magdeburger Stippvisite, an der sehr zentralen, schönen Baumallee erbaut wurde, glaubt sich ohnehin gleich in „Goethes Italien": Mediterrane Farben, echte Antiquitäten und offene Sichtachsen vermitteln ein gewinnendes, warmes Ambiente. Die alte Standuhr schlägt zur vollen Stunde. Bequeme Sessel warten auf Menschen mit Muße zum Zeitunglesen. Und in der Bibliothek gegenüber der Rezeption hängen nicht nur schöne alte Stiche mit den Porträts der Deutschen Klassiker. Auch deren Gesammelte

Lammrückenfilet mit Sesam-Senf-Kruste auf mediterranem Bohnengemüse

Das Rezept zur Spezialität des Hauses finden Sie auf Seite 60

Werke stehen komplett und Staub geschützt in einer Glasvitrine. Selbstverständlich dürften die Gäste in den alten Bänden von Goethe, Schiller oder Hebbel lesen, bestätigt er. Die entsprechende Sorgfalt komme automatisch, sobald man die dünnen Seiten der antiquarischen Originalausgaben umblättere ...

„Wir wollten den typischen Lobby-Stil vermeiden", erklärt der Hotelfachmann die bewusste Entscheidung, in den öffentlichen Bereichen eine möglichst wohnliche Atmosphäre zu schaffen. „Jeder, der möchte, kann es sich hier unten gemütlich machen. Er muss sich nicht in sein Zimmer zurückziehen, selbst wenn er Ruhe haben will", erklärt er. Individuell wie die Wünsche der Gäste seien auch die 65 Zimmer geschnitten und eingerichtet – ein charmanter Vorteil, den das umgebaute Wohngebäude gegenüber einem standardisierten Hotelbau habe.

Auch das Restaurant verspricht mit der hellen,

unangestrengten Einrichtung Genüsse der mediterranen Art, übrigens nicht nur Hotelgästen, sondern auch Einheimischen. Es heißt „La Cocagna", übersetzt: Lebensfreude, und ist im südlichen Landküchenstil eingerichtet. Serviert wird vor allem regionale, saisonale Küche, aber mit italienischem Einfluss: „Wir kochen leicht und immer frisch." Alles sei dabei möglich, selbst eine einfache Steckrübensuppe. Oder eine Dorade mit Gurkengemüse und Kräuterkartoffelpüree. Aber alles, selbst die einfachste Speise, soll eben auch von bester Qualität sein: So bringt der Bäcker um die Ecke jeden Morgen die frischen Brötchen in seiner Kiepe vorbei. Ebenso kommen Frühstückseier, Wurst und Käse aus der Umgebung, von bekannten Erzeugern. Und wenn an kühlen Abenden ein „Wildgulasch mit Klößen" serviert wird – „weil die Italiener doch keine echten Wintergerichte kennen" – dann ist es vermutlich ein Gulasch vom Mufflon, einer speziellen Wildschafart aus den heimischen Wäldern, geschossen vom hauseigenen Jäger. „Zarter geht's nicht."

Hotel Geheimer Rat
Inhaber: Ingo Rektorik
Goethestraße 38
39108 Magdeburg
☎ 03 91 / 7 38 03
www.geheimer-rat.bestwestern.de

Café Amsterdam

Holland in Sicht

Gebratener Lammrücken im Crêpe-Mantel auf Spargel-Zuckererbsen-schoten-Gemüse an Kartoffel-Quark-Nocken mit kandierten Kirsch-tomaten und Balsamico-Sauce

Das Rezept zur Spezialität des Hauses finden Sie auf Seite 61

Von einer Gracht ist weit und breit nichts zu sehen. Dafür lädt vor dem imposanten Gründerzeit-Rundbau bequeme Terrassenbestuhlung unter ausladenden Sonnenschirmen zu einer Stresspause ein. Auch drinnen scheint fortwährend die Sonne: Große Spiegel reflektieren die im warmen Gelb marmorierten Wände zu einem offenen Wohlfühlambiente. An kleinen Holztischen sitzen verstreut Paare und Passanten, in angeregte Unterhaltung oder Lektüre vertieft. Es riecht nach frisch gemahlenem Kaffee und handgeschäumter Milch. Und nach Kurzurlaub in Holland, irgendwie. Diese lässige, entspannte Atmosphäre wusste Matthias Knoche schon als Gast zu schätzen. Zehn Jahre verbrachte er seine Mittagspausen regelmäßig im Café „mit dem besten Milchkaffee der Stadt", sagt er. Als das „Amsterdam" in existenzielle Nöte kam, rettete er sein Stammlokal vor der Schließung, indem er es selbst übernahm. Das war Ende 2008. Seither sitzt er immer noch jeden Mittag hier, wenn auch inzwischen meist hinten im Büro: „Gute Angewohnheiten sollte man nie ändern", bestätigt er lachend.

Und tatsächlich, vieles blieb im „Amsterdam" seither unverändert: der „Allroundservice" zum Beispiel, der vom Frühstück über Mittagstisch bis zur Abendkarte mit Hauptgerichten auf „Restaurantniveau" viel Abwechslung bietet. Frische Zubereitung sei Ehrensache, sagt er, Convenience-Food und Mikrowelle blieben konsequent draußen. Dazu gibt es meist europäische Weine, alle offen, sowie ungewöhnliche Aperitifs, wie das „A-dam" – Prosecco mit Rhabarbernektar und Holunderblütensirup – und Cocktailklassiker.

Neu, sagt er, sind dagegen die regelmäßigen Veranstaltungen zwischen September und Mai: Je einmal im Monat gibt's einen Tapas-Abend mit spanischen Spezialitäten und live gespielter Flamencomusik, und einen Pianoabend mit begleitender Barmusik. Und ein Jazzkonzert. Und. Und. Und.

Café Amsterdam
Inhaber: Matthias Knoche
Olvenstedter Straße 9
39108 Magdeburg
☎ 03 91 / 4 00 54 00
www.dasamsterdam.de

Kirche
AURANT
RESTAURANT
Service
Die Ki
RESTAUR

Wie im siebten Himmel

Restaurant „Die Kirche"

Hochzeitspaare kehren gern hier ein, um den schönsten Tag im Leben zu einem unvergesslichen werden zu lassen. Aber nicht nur, denn wer immer hier speist, entspannt ein Bier trinkt, exzellenten Wein genießt oder nur auf einen Milchkaffee vorbeischaut, fühlt sich wohl. Drinnen wie draußen. Nur sieben Minuten vom Stadtzentrum mit dem Auto entfernt, am Elberadweg und direkt am Prester See gelegen, ist „Die Kirche" eine Augenweide für jeden Anlass, egal ob Hochzeit, Familienfest oder romantisches Dinner.

Presteraner, die ganz persönliche Erinnerungen mit dem ehemaligen Sakralbau verbinden, Magdeburger und Gäste aus dem Umland schätzen das Restaurant mit dem weitläufigen Sommergarten. Denn einfach mal abends richtig schön essen gehen – das kann man hier.

Es ist schon ein ganz besonderer Ort, an dem die ehemalige evangelische Kirche St. Immanuel 1832 nach Plänen der preußischen Baudeputation Berlin unter Mitwirkung von Karl Friedrich Schinkel errichtet wurde. Rund 150 Jahre später verlor sie ihre ursprüngliche Bestimmung und diente als Bauhof und Tischlerei. Mitte der 1990er Jahre wurde sie zu einem Restaurant umgebaut. Katrin Rieffenberg und ihr Mann Jens übernahmen den neugotischen Bau 2007 und erfüllten sich damit einen alten Traum: „Mein Mann hat als kleiner Junge hier auf dem Bauhof gespielt", erzählt die Geschäftsführerin, „und mochte den Ort mit seinem idyllischen Kirchhof immer schon gerne."

Als einzige Dorfkirche im ganzen Land, in der das Abendmahl aus mehreren Gängen besteht,

Rinderfilet à la Schinkel auf mediterranem Kartoffelsalat

Das Rezept zur Spezialität des Hauses finden Sie auf Seite 61

Le Frog –
Brasserie am See

Grün ist die Aussicht

Gebratene Perlhuhnbrust mit Basilikumsauce, Süßkartoffelpüree und tournierten Karotten

Das Rezept zur Spezialität des Hauses finden Sie auf Seite 62

Die Sage geht um, dass einmal auf Höhe des heutigen Stadtparks ein stolzer Ritter aus Buckau auf Elwine traf, die als Zeichen ihrer Herrschermacht über die Elbe und deren Elfen ein korallenrotes Horn bei sich trug. Beide verliebten sich und wollten, einander stets treu, zusammenbleiben. Nur sollte er ihr niemals heimlich folgen, um herauszufinden, was sie ohne ihn machte. Als er es dennoch tat, zerbrach ihre Liebe, Elwine verschwand. Übrig blieb allein der Rotehorn-Park, der von da an als Insel zwischen zwei Elbarmen an den Verrat der Verliebten gemahnte.

Möglich natürlich, dass sich der Jüngling – vor lauter Scham, Schmerz oder Sehnsucht? – am Ende in einen Frosch verwandelte, der nun der „Brasserie am See" Logo und Namen gibt, und reizend genug aussieht, um wach geküsst zu werden. Die Sage sagt davon nichts. Aber passen würde das Happy End schon zu dem offenen, freundlichen Lokal, das in diesem beliebten Naherholungsgebiet liegt, als wenn es schon immer dahin gehörte.

Halb Biergarten, halb Restaurant und erbaut überwiegend aus Holz und Glas, gibt der lichtdurchflutete Neubau des „Le Frog" seit 1999 den Blick frei auf schillernde Falter, uralte Kastanien und paddelnde Liebespaare. Vom restauranteigenen Spielplatz winken Kinder ihren Eltern. Sportler machen hier Pause. Die gesunde mediterrane Küche mit viel Gemüse und Salat scheint da perfekt, um jeden Energiebedarf auszugleichen. Besonders zu empfehlen sei das magere, cholesterinarme Grillfleisch vom Strauß aus Sachsen-Anhalt, dazu die ungewöhnlichen Salatkombinationen aus Tomaten und Bananen in einer leichten Vinaigrette, bestreut mit Pinienkernen. Oder im Winter: Wildfleisch an Wirsing mit Nüssen und vitaminreicher Sanddornsauce. Die Zutaten werden natürlich jeweils von Kleinlieferanten aus der Region gebracht.

Le Frog – Brasserie am See
Geschäftsführer: Jens Burkart
Heinrich-Heine-Platz 1
39114 Magdeburg
☎ 03 91 / 5 31 35 56
www.lefrog-md.de

aragaza

Service wie am Schnürchen

Jacobsmuschel und Kressesalat auf Süßkartoffel-Himbeerpüree, Himbeergelee und Sanddorn-Kreuzkümmel-Reduktion

Das Rezept zur Spezialität des Hauses finden Sie auf Seite 62

So schnell bringt die 60 festen Mitarbeiter und noch einmal so viele feste Aushilfen, die intern regelmäßig geschult werden, nichts aus dem Takt. Sie sind Service-Profis, wenn nicht sogar Stress erprobte Extraklasse: Welches Malheur kann denn noch jemandem passieren, der es schafft, binnen weniger Pausenminuten mehr als 2 000 Personen gleichzeitig mit Getränken und Speisen zu versorgen?

Tatsächlich ist es die größte Cateringfirma vor Ort und seit 1994, „seit einem Popkonzert von Bonnie Tyler", bei jedem Großevent dabei: In der Stadthalle, in der GETEC-Arena, in der Johanniskirche, im Gesellschaftshaus, auf der Seebühne im Elbauenpark oder im Türmchen am Werder und bei nahezu jedem Gastspiel aus Pop, Rock, Klassik oder Musical. „Eine besondere logistische Herausforderung war die Ministerpräsidentenkonferenz, die das Land Sachsen-Anhalt 2010 in Magdeburg ausgerichtet hat" erinnert sich Jens Burkart, Geschäftsführer und gelernter Koch. Neben den Ministerpräsidenten aller deutschen Bundesländer nahmen 200 geladene Gäste aus Politik und Wirtschaft an dem Treffen teil. „Es war eine Protokollveranstaltung mit einem mehrgängigen Menü, vor allem aber mit einer minutengenauen Abfolge. Da durfte kein Glas fallen und keiner aus der Reihe tanzen."

Natürlich ginge es auch kleiner, erklärt er: Ob ganz privat im Familienkreis im eigenen Garten, also mit Snacks und Service außer Haus. Oder in dem neuen, idyllischen Gartenhaus mitten im Grünen, nur wenige hundert Meter von der Stadthalle entfernt, das gerade erst saniert worden ist. Das ehemalige Fachwerkhaus eigne sich vor allem für Hochzeiten oder Betriebsfeiern ab 50 Personen, erklärt Jens Burkart. Dazu gehöre ein großer festlicher Saal sowie eine Außenterrasse. „Da ist man dann ganz für sich."

Magdeburger Gastro Conzept GmbH
Geschäftsführer: Jens Burkart
Heinrich-Heine-Platz 1
39114 Magdeburg
☎ 03 91 / 5 44 58 80
www.mgc24.de

Weinhaus Dittmer

Geheimtipps in Rot und Weiß

Lübeck hat einen, Bremen, Hamburg, Halberstadt auch. Und Magdeburg hat durch Lutz Dittmer nun ebenfalls einen Hanse-Wein, um an die jahrhundertelange Mitgliedschaft in der Hanse zu erinnern. Wie alle Rotspone ist auch der Magdeburger Rotspon ein Bordeaux aus 80 Prozent Merlot und 20 Prozent Cabernet Sauvignon. Zwölf Monate wird er im Eichenfass gelagert. Das Etikett zeigt ein altes Foto vom Magdeburger Dom, der Elbe und dem bekannten Dampfschiff „Wittenberge". Die Marke ist als Warenzeichen eingetragen. „Leider wissen heute viele nicht, was die Hanse war", bedauert er die mäßige Unterstützung bei der Wiederbelebung

der alten Tradition: Kaufleute aus 300 Hafenstädten hatten sich ab dem 14. Jahrhundert zum Bund zusammengeschlossen, um ihre Geschäftsinteressen nach außen besser zu vertreten. Der Rotspon, dessen Trauben die Fässer rot färbten („roter Span"), war so etwas wie ein gemeinsames Qualitätssiegel. Wer in das Weinhaus Dittmer am Stadtrand kommt, weiß, dass er immer etwas Besonderes bekommt. Termine für Weinproben, bei denen er seine neuesten Entdeckungen zu Themen bündelt, sind schnell ausgebucht. Neben exklusiven Lagen aus Italien, Spanien und Frankreich füllt eine große Auswahl an hochwertigen Weinen aus Übersee – Chile, Südafrika, Australien, Argentinien – die Regale. Dazu bietet er ausgewählte Neuentwicklungen aus Deutschland an. Die meisten Winzer kennt er persönlich. Es sind junge, kreative Winemaker, die durch neue Verfahren neue Qualitäten hervorbringen, wie Johannes Lorenz mit seinen Cuvées. Das spezielle Steckenpferd des 39-Jährigen aber sind ausgesuchte Spitzenweine aus dem Thüringer Saale-Unstrut-Gebiet, wie zum Beispiel der Chardonnay von Wolfram Proppe: „Unglaublich weich! Und mit einem genialen Fruchtaromenspiel", schwärmt er und sagt der neuen Weinregion eine große Zukunft voraus.

Weinhaus Dittmer
Inhaber: Helgard Dittmer
Stadtweg 17
39116 Magdeburg
☎ 03 91 / 6 31 30 10
www.weinhaus-dittmer.de

NATURE
FAMILIA

CHEVALIER

Alte Bilder, alte Liebe

Alt-Magdeburg

Jeden Nachmittag um Drei holt die Serviererin den frischen Blechkuchen aus dem Ofen. Dann dreht sie 52 Mal die Kurbel eines Grammophons von 1916 und platziert die Nadel auf dem Schellack. Das ist der Beginn einer wunderbaren Allianz, die jeden Tag aufs Neue entsteht: Ein herrlicher Kuchenduft durchströmt den Raum, während aus dem dickbäuchigen Trichter das Lied erklingt, in dessen Zeit man sich zurückversetzt glaubt – „In einer kleinen Conditorei". Den Eindruck des Zeitsprungs verstärken noch die Bilder vom alten Magdeburg, die überall hängen: Historische Postkarten und reproduzierte Großansichten der Innenstadt, von 1920 bis 1940. Echte Familienfotos. Und Autogrammkarten altbekannter Schauspieler.

Mit viel Liebe zum Detail hat der Geschäftsführer Andreas Dahm das Alt-Magdeburg eingerichtet. Über 300 Fotos hat er mitgesucht, mitgerahmt und mitunter eigenhändig an die Wände genagelt. „Man kann immer wieder etwas Neues entdecken", freut er sich, wenn Gäste sich wundern, wie anders der Alte Markt mit dem Kaiser-Otto-Reiterdenkmal 1928 ausgesehen hat. Die Stadt wurde im Zweiten Weltkrieg zu 45 Prozent zerstört, erklärt er. Wie lebendig die Kaffeehauskultur in seiner Geburtsstadt aber einst gewesen sein muss, weiß der 48-Jährige schon aus Erzählungen seiner Großeltern: „Das hat mich schon als Kind fasziniert", erinnert er sich. Warum also nicht die überlieferten Erinnerungsstücke mit anderen Interessierten teilen?

So muss sich der Gast nur zurücklehnen und die historische Lehrstunde „mit allen Sinnen genießen": Serviert wird vor allem süße Hausmannskost – Frankfurter Kranz und Schneegestöber, Zupfkuchen oder backfrische Blechkuchen, belegt mit Früchten und Butterstreuseln, je nach Saison und Originalrezeptur. Übrigens: Einen Tanztee um fünf wie in den 1920er Jahren gibt es regelmäßig – wenn auch ohne Gigolos.

Frankfurter Kranz

Das Rezept zur Spezialität des Hauses finden Sie auf Seite 63

Alt-Magdeburg
„GRÜZi" GmbH
Geschäftsführer: Andreas Dahm
Breiter Weg 8a
39104 Magdeburg
☎ 03 91 / 5 82 31 54
www.cafealtmagdeburg.de

GRÜZi – Das Bistro in der GRÜNEN ZITADELLE

Villa kunterbunt

Crêpe „Kaiser Otto"

Das Rezept zur Spezialität des Hauses finden Sie auf Seite 63

Was wie ein freundlicher Gruß an Schweizer Gäste klingt, ist eine augenzwinkernde Kurzfassung von „Grüne Zitadelle" – dem Namen jenes rosaroten Gebäudes, in dessen Innenhof das „GRÜZi" zu finden ist. Von Friedensreich Hundertwasser erdacht und 2005 posthum in der Magdeburger Innenstadt errichtet, folgt der auffällige Wohn- und Bürokomplex einem einfachen ökologischen Grundsatz: Alles, was die Architektur der Natur nimmt, soll sie an gleicher Stelle ersetzen. So wächst das Gras, das früher einmal das Grundstück bedeckte, heute auf dem Dach der Anlage – deshalb auch das „Grün" im Namen. Und aus dem gleichen Grund fließt an der Decke des fröhlichen Bistros die Elbe – wenigstens als eine sich schlängelnde, blaue Linie.

Alles, was im „GRÜZi" steht und liegt, ist eine Hommage an den Baumeister, der sich dem ganzheitlichen Bauen verpflichtet fühlte. Kein rechter Winkel, keine gerade Linie, dafür knallbunte Farbigkeit, die schon zum Frühstück gute Laune verbreitet. Unsagbar witzig die Bestuhlung mit Pferde- oder Dalmatiner-Stuhl: Die fantasievollen, leider unverkäuflichen Sitze wurden von Schülern einer nahen Förderschule kreiert, auf dass jeder Mensch seinen Platz im Leben finden möge. Und selbst das bunte Geschirr, auf dem die gefüllten Pfannkuchen serviert werden, fördert den Appetit: Für welches der Dutzend Crêpes soll man sich entscheiden? Für „Hannibal", der nicht mit Elefanten, dafür mit Huhn, Kohl, Schafskäse und Tomaten gefüllt ist, für „Kaiser Otto", „Editha" oder „Megedeborch"? Oder lieber für „Till Eulenspiegel", der einst – so die Sage – den Leuten im Land mit seinen Späßen die Schuhe auszog. Gefüllt mit roter Grütze ist das Risiko diesmal womöglich nicht so groß. Wer aber sicher gehen will, kann auch zur „Penne Arrabiata" greifen oder zum „Carpaccio" von Gianni, dem echten Italiener.

GRÜZi – Das Bistro in der GRÜNEN ZITADELLE
Geschäftsführer: Andreas Dahm
Breiter Weg 8a
39104 Magdeburg
03 91 / 5 82 88 15
www.gruezi-bistro.de

Crêpes
herzhaft
+ süß
Quark mit:
Apfelmus / Grütze
kleiner Becher € 1,90
großer Becher € 2,90
„Adelheid" 3,90€
(Nougatcreme)
„Till" 3,90€
(Rote Grütze)
„Armin" 4,90€
(Tomate, Mozzarella
Oliven, Basilikum)

Kross gebratenes Zanderfilet „Polnisch" auf Lauchmousseline, Blumenkohl und Wachteleier

Red Snapper, S. 36

Zutaten für 4 Personen

600 g Zanderfilet mit Haut | 6 Stück Wachteleier | 1 Blumenkohl | 2 Lauchstangen | 180 g Semmelmehl | 300 g Butter | 1 Bund Schnittlauch | ⅓ Muskatnuss | ⅓ Zitrone | Salz | Pfeffer | Zucker | Öl nach Bedarf

Zubereitung

Zuerst den Lauch putzen, anschließend in grobe Stücke schneiden. Die Stücke 1 Minute im heißen Wasser blanchieren und danach sofort in Eiswasser wiederum 1 Minute abschrecken, damit der Lauch seine Farbe nicht verliert. Dann den Lauch durch ein Sieb abtropfen lassen. Die Restfeuchtigkeit mit der Hand oder einer handelsüblichen Presse auspressen, und portionsweise für 4 Stunden einfrieren. Nach diesem Gefriervorgang den Lauch in einer Küchenmaschine fein häckseln. Den feinen Porreestaub in einem Topf bei kleiner Flamme erwärmen und mit Salz, Pfeffer und Zucker würzen. Kurz vor dem Anrichten einen Teil der Butter unterheben. Den Blumenkohl putzen und die Röschen längs zum Stiel in hauchdünne Scheiben schneiden. Die Blumenkohlscheiben in etwas Pflanzenöl leicht anbraten, mit etwas Zucker bestreuen und karamellisieren lassen. Den Blumenkohl mit etwas Zitronensaft beträufeln und mit Salz, Pfeffer und Muskat würzen. Die restliche Butter in einem Topf schmelzen lassen und Semmelmehl unterheben, danach bei geringer Temperatur goldgelb werden lassen. Von der Semmelbutter ein wenig entnehmen und unter den Blumenkohl heben. Die Wachteleier 3 Minuten kochen lassen. Danach in kaltem Wasser abschrecken und pellen.

Das Zanderfilet portionieren und mit Salz und Pfeffer würzen, danach in einer heißen Pfanne mit Öl auf der Hautseite kross anbraten. Danach wenden und bei geringer Temperatur fertig garen. Das Filet mit etwas Zitronensaft beträufeln und eine Nocke Butter in die Pfanne geben. Dann den Fisch mit der Butter überziehen. Den Schnittlauch in kleine Ringe schneiden. Kurz vor dem Anrichten den geschnittenen Schnittlauch hinzugeben. Das Zanderfilet zusammen mit je einem Wachtelei, dem Blumenkohl und der Lauchmousseline auf einem Teller anrichten und servieren.

Lammrückenfilet mit Sesam-Senf-Kruste auf mediterranem Bohnengemüse

Hotel Geheimer Rat, S. 40

Zutaten für 4 Personen

600 g Lammrückenfilet | ¼ Glas Senf | 2 EL Sesamsaat, ungeschält | 240 g Prinzessbohnen | 120 g Kartoffeln, geschält | 1 Bund Gemüsezwiebeln | 1 Zweig frischer Thymian | 2 Knoblauchzehen | Salz | Pfeffer | 100 ml Olivenöl | 250 ml Gemüsebrühe | 200 g Tomaten

Zubereitung

Lammrücken waschen und trocknen, dann Olivenöl in eine bereits heiße Pfanne geben und von beiden Seiten scharf anbraten, mit Salz und Pfeffer würzen, dann beiseitestellen und circa 15 Minuten ruhen lassen, dabei aber warmhalten. Währenddessen Zwiebeln und Kartoffeln in Scheiben schneiden und zusammen mit den Bohnen, dem Thymian und Knoblauch in Olivenöl anschwitzen. Die Gemüsebrühe dazugeben und alles im Saft dünsten, bis die Zutaten gar sind. Die Tomaten häuten, in Scheiben schneiden und dazugeben. Gewürze hinzufügen und nochmals 5 Minuten ziehen lassen.

Die Lammrückenfilets mit Senf bestreichen und mit Sesam bestreuen. Dann die Filets im Grill überbacken.

Das Bohnengemüse auf einen vorgewärmten Teller geben. Zum Schluss das Fleisch in gleichmäßige Stücke schneiden und neben den Bohnen anrichten.

Gebratener Lammrücken im Crêpe-Mantel auf Spargel-Zuckererbsenschoten-Gemüse an Kartoffel-Quark-Nocken mit kandierten Kirschtomaten und Balsamico-Sauce

Café Amsterdam, S. 44

Zutaten für 4 Personen

200 g Lammrücken | 100 ml Balsamico | 1 EL Honig | 1 EL Bratenfond vom Lamm | Mehlstärke | 1 EL Rotwein | 500 g Mehl | 6 Eier | 800 ml Milch | 1 EL Zucker | 1 Prise Salz | 1 EL Öl | 16 Kirschtomaten | 1 EL Honig | 1 Zweig Rosmarin und Thymian | 1 EL Olivenöl | 160 g Kartoffeln, mehlig kochend | 40 g Speisequark | Salz und Pfeffer | 160 g Zuckererbsenschoten | 160 g weißer Spargel | 125 g Butter

Zubereitung

Fleisch leicht anbraten und von beiden Seiten mit Salz und Pfeffer würzen. Herausnehmen und kurz ruhen lassen. Den Bratenfond mit Rotwein ablöschen und reduzieren. Mit Balsamico verfeinern und für ein süßliches Aroma Honig dazugeben. Nach Bedarf mit Stärke abbinden.
Mehl, Zucker, Salz und Milch verrühren, ohne dass sich Klümpchen bilden. Eier nacheinander unterrühren. Zum Schluss Öl dazugeben. Dann den Teig portionsweise in der Pfanne farblos backen.
Den angebratenen Lammrücken in die Crêpe wickeln und im Ofen bei 90 °C (Umluft) circa 20 Minuten garen. In der Zwischenzeit Kirschtomaten oben einschneiden, kurz ins kochend heiße Wasser legen und gleich wieder rausnehmen. Mit kaltem Wasser abschrecken. Vorsichtig die restliche Haut entfernen. Honig und Öl zur Marinade verquirlen, Rosmarin und Thymian dazugeben und die geschälten Tomaten darin ziehen lassen. Kartoffeln schälen, waschen und kochen. Abgießen, stampfen und mit dem Speisequark vermengen. Nach Bedarf mit Salz, Pfeffer und etwas Butter abschmecken. Bei Umluft im Ofen warmhalten. Für das Gemüse die Schoten waschen, den Spargel schälen, waschen und auf eine Länge mit den Schoten portionieren. Danach die Butter in einer Pfanne zerlassen, das Gemüse dazugeben und mit Salz, Zucker und Pfeffer abschmecken. Die Beilagen auf Tellern anrichten. Crêpes aus dem Ofen nehmen, halbieren und auf dem Gemüse anrichten. Die Sauce dazu reichen.

Rinderfilet à la Schinkel auf mediterranem Kartoffelsalat

Restaurant „Die Kirche", S. 46

Zutaten für 4 Personen

1 kg Argentinisches Rinderfilet (4 Stück á 250 g) | je 7 g Rosmarin, Thymian, Majoran | 100 ml Olivenöl | 1 EL Rapsöl | 1 Gefrierbeutel ca. 6 l 800 g kleine festkochende Kartoffeln | 200 g grüner Spargel | 200 g Mini-Strauchtomaten | 200 g junger Ziegenkäse | 1 ½ Limetten | 100 ml Hühnerbrühe | Salz, schwarzer Pfeffer aus der Mühle | 7 EL Olivenöl | ½ Bund glatte Petersilie | 150 g entsteinte schwarze Oliven | 8 Anchovifilets | 1 EL Butter | ½ Zitrone | 1 EL Zucker

Zubereitung

Das Rinderfilet mit den Kräutern, Salz, Pfeffer und Olivenöl in den Gefrierbeutel füllen, gut verschließen und über Nacht im Kühlschrank marinieren. Die Steaks am nächsten Tag aus dem Gefrierbeutel nehmen und die Kräuter entfernen. Das Rapsöl in eine bereits heiße Pfanne geben und das Rinderfilet auf beiden Seiten gut anbraten. Die Steaks auf einen Rost legen und im vorgeheizten Ofen (85 °C) circa 40 Minuten ruhen lassen.
Die Kartoffeln waschen und kochen. In der Zwischenzeit den Spargel waschen, ein bis zwei Zentimeter vom Ende entfernen und im sprudelnden Salzwasser zusammen mit der halben Zitrone, der Butter und etwas Zucker etwa 3 Minuten kochen: Er sollte noch Biss haben. Dann sofort im kalten Wasser abschrecken. Die Strauchtomaten waschen, halbieren und den Strunk entfernen. Den Ziegenkäse in mundgerechte Stücke teilen.
Für die Vinaigrette die Limette schälen und filetieren. Filets beiseitestellen, den Saft auffangen und zusammen mit dem Saft einer weiteren halben Limette unter die Hühnerbrühe rühren. Mit Salz und Pfeffer würzen und das Olivenöl mit einem Schneebesen unterziehen.
Die Kartoffeln noch warm pellen, vierteln, mit der Vinaigrette übergießen und 1 Stunde marinieren. Die Petersilie waschen, trocken schleudern und fein hacken. Mit den Limettenfilets, Oliven und Anchovis unter die Kartoffeln heben. Kurz vor dem Servieren Spargel, Strauchtomaten und Ziegenkäse unterheben, den Salat nochmals mit Salz, Pfeffer und evtl. mit Limettensaft, Olivenöl und Zucker abschmecken.

Domgarten, Magdeburg

Magdeburger Börde

Thymian für Otto, Dill für Editha

Otto I. hatte schlechte Zähne, haben Archäologen herausgefunden. Vor allem litt er an Karies. Das lag vermutlich an fehlender Zahnpflege. Wahrscheinlicher aber an der Ernährung: Zu viel Met? Zu viele Trockenfrüchte? Man weiß es nicht.

„Es gibt keine Aufzeichnungen", bestätigt Uta Luise Zimmermann-Krause, „die belegen könnten, was er gerne gegessen hat." Sie muss es wissen, sie hat Berge an Urkunden durchforstet und die mageren Hinweise in ihrem Kochbuch zusammengefasst: „Kaiserlich speisen wie Otto der Große" stellt neben dem Alltagsleben des 10. Jahrhunderts auch drei Dutzend Rezepte vor.

Dabei habe sie alle Rezepte „logisch rekonstruiert", erklärt sie. Als Biochemikerin, die lange in der Forschung an der Otto-von-Guericke-Universität tätig war, fiel es ihr leicht, von Liefer- und Lagerlisten Rückschlüsse auf den Speisezettel zu ziehen. „Es ist erstaunlich, wie viele Kräuter damals schon bekannt waren: Petersilie, Dill, Kümmel und Minze, aber auch Thymian, Rosmarin und Basilikum, die er als König von Italien über die Alpen liefern ließ."

Gekocht wurde im Großbottich, in dem alle Zutaten zu einem Eintopf vermengt wurden.

Der Adel liebte Fleisch, vor allem Wild, und weißes Brot. Auch Otto galt als Meister der Jagd und wird Reh, Hirsch oder Wildschwein nicht verschmäht haben. Von seiner Frau Editha weiß man hingegen, dass sie ein Fischfan gewesen sein muss. Das belegen zuverlässig Jodspuren an ihrem Gebiss. „Außerdem hat ihr Großvater, Alfred der Große, in englischen Klöstern für die Frauen schon früh kleine Wasserkanäle anlegen und Forellen aussetzen lassen."

Die Recherche durch die Speisekammer der Ottonen hat die Magdeburger Historienforscherin inzwischen sogar auf die Idee gebracht, zeittypische Kulinaria selbst zu produzieren: Das „Kaiser Otto Bräu" – ein helles Pils, „geschönt" mit Kräutern, wie es im Mittelalter üblich war – ist als Fass- und Flaschenbier schon erhältlich. Einen Hersteller für den hellen Gewürzlikör mit historisch belegten Zutaten – Lavendel, Salbei, Anis und Pomeranze – sucht sie aber noch.

L~BE

Mit L~BE

Hausgemachte Nudeln mit Flusskrebsen

Das Rezept zur Spezialität des Hauses finden Sie auf Seite 82

Das Wortspiel, das den Namen macht, ist einfacher, als es auf den ersten Blick erscheint. Denn das behagliche Lokal mit dem hohen, offenen Dachstuhl heißt nicht LIEBE – auch wenn ein romantisches Hirn das wellige Auslassungszeichen besonders gern mit der fehlenden Silbe füllen will. Es geht vielmehr um die ELBE, an dessen unverbautem Ufer das denkmalgeschützte Gebäude, einst der „Zollschuppen" des Elbbahnhofs, liegt: „Natürlich kochen wir auch mit Liebe", scherzt Constanze Locorotondo, „aber lieber noch mit frischen Produkten."

Gemeinsam mit ihrem Mann Angelo, der 14 Jahre auch schon das feine französische Restaurant „Le cochon" besaß, hat sie 2008 das beliebte Ausflugslokal mit der großzügigen Terrasse eröffnet. Wer nicht wegen der schönen Aussicht auf vorbeifahrende Schiffe kommt, die sich durch die Strömung kämpfen, dann bestimmt wegen der mediterranen Küche: sonnengereiftes, extra aus Apulien geliefertes Gemüse, selbst gemachte Pasta, Fisch und Fleisch, ja sogar Wildgulasch mit typischen Kräutern des Mittelmeerraumes gewürzt. „Ein bisschen französisch, ein bisschen italienisch, die Grenzen sind da fließend", erklärt sie. Jeden ersten Dienstag im Monat gibt es außerdem „Garnelen satt" – einfach in Kräuterbutter geschwenkt und zum Selberpulen, soviel man schafft. Dazu – ähnlich wie beim Sonntagsbrunch – ein reichhaltiges Buffet mit mediterranen Köstlichkeiten, wie einem süß-sauren Linsensalat, Bohnen mit Minze, Tortillas oder Elsässer Flammkuchen. Was Wunder, dass das warme Ambiente des großen, lichten Gastraumes, der mit den dunklen Holzelementen und zum Teil unverputzten Wänden gleich an einen italienischen Landgasthof denken lässt, auch gerne für Hochzeiten und Familienfeiern genutzt wird: „Schlemmer-Menüs" ab sechs Personen bis hin zu Dinner-Veranstaltungen mit 200 Gästen sind möglich, dazu kommen im Sommer noch 100 Plätze draußen.

L~BE
Inhaber: Angelo und Constanze Locorotondo
Schleinufer 50
39104 Magdeburg
☎ 03 91 / 5 44 66 55
www.l-be-md.de

Empfehlungen
Hausgemachte Bandnudeln
mit Pesto und
€12.80
Matjesfilets mit
Remouladensauce und
Bratkartoffeln
€10.80
gefülltes
Kartoffelpürée
Cherrytomaten

I·O
Tapas

Unter Frauen

Berner & Brown – Die Tapasbar am Schauspielhaus

Vielleicht liegt es daran, dass Frauen mehr Abwechslung wollen, sogar beim Essen. Möglich auch, es kommt daher, dass sie sowieso kleine Portionen bevorzugen. Oder vielleicht auch nur, weil sich diese Tapasbar wie ein „verlängertes Wohnzimmer anfühlt", bringt Heiko Schaale, der Inhaber, ins Spiel. Genauso gut könnte frau auch behaupten, es liege an ihm: an der zuvorkommenden Aufmerksamkeit, an der freundlichen Ansprache, an den feurigen, dunklen Augen ... Egal warum, eines aber ist sicher: Diese Tapasbar ist eine Bar, wie Mädels sie lieben.

Drei Viertel der Gäste, so heißt es, sind weiblich. In kleinen Gruppen sitzen sie um die Tische und tauschen die neuesten Erkenntnisse aus. Fast wirkt es, als wenn Carrie, Miranda, Charlotte und Samantha aus New York auf Stippvisite eingeflogen wären. Das ist natürlich nur Fantasie. Aber wer sagt denn, dass sie, wenn sie es wüssten, nicht genauso begeistert von der entspannten Atmosphäre dieser einzigen, echten Tapasbar der Stadt wären?

Während der Blick durch das in eleganten Farben gehaltene Lokal schweift, umspielt Sade mit ihren Balladen das Ohr. Zart wehen mediterrane Gewürze vom Nachbartisch. Die rund 40, stets frisch zubereiteten Tapas werden in vernünftigen 150-Gramm-Portionen serviert. So lassen sich zwei oder drei gut zum Menü kombinieren: Gambas mit Datteln? Hähnchenbrust mit Sherry? Oder einfach nur Schalotten in Balsamico-Honig karamellisiert? Dazu gibt es Cava – Brut Reserva aus dem Penedès – und fast zwei Dutzend Weine von ausgewählten, eigens erprobten Gütern in Spanien, fast alle offen.

So lässt es sich leben, besser noch: abwechslungsreich chillen. Manche Gäste kommen nachmittags um sechs und gehen erst um eins, wenn Heiko Schaale schließt. Neuerdings hat er wochentags auch mittags schon geöffnet, mit einem extra Mittagstisch.

Limetten-Gambas

Das Rezept zur Spezialität des Hauses finden Sie auf Seite 82

Berner & Brown –
Die Tapasbar am Schauspielhaus
Inhaber: Heiko Schaale
Otto von Guericke Straße 61
39104 Magdeburg
☎ 03 91 / 5 47 62 96
www.bernerundbrown.de

Classik Hotel
Magdeburg

Familiäre Businessclass

Magdeburger Bötel mit Lehm und Stroh (Eisbein mit Erbspüree und Sauerkraut)

Das Rezept zur Spezialität des Hauses finden Sie auf Seite 83

18 Minuten in die Altstadt, mitten im Grünen mit direktem Anschluss an die Magdeburger Börde und verkehrsgünstig gelegen. Die gute Erreichbarkeit des Hotels bei gleichzeitig ruhiger, grüner Lage zieht viele Geschäftsleute an. Die Autobahn sieht und hört man nicht, dennoch ist sie schnell zu erreichen. Wer mag, kann aber auch über teils malerische Landstraßen anreisen, oder den kleinen Flughafen Magdeburg City nutzen, der für begeisterte Flugfreunde ein ideales Ausflugsziel darstellt. Das Classik Hotel punktet aber nicht nur mit seiner Lage, zahlreiche Stammgäste schätzen die herzliche und unkomplizierte Atmosphäre. Bis heute, berichtet Frau Corrie Deneke, wird das Haus unter der Woche als idealer Standort für Kongresse und Tagungen gebucht. Aber auch von privaten Hochzeits- oder Geburtstagsgesellschaften. Als stellvertretende Direktorin und Bankett-Chefin ist sie stolz, dass sie jedem ein Erlebnis bieten kann. Frau Deneke ist von Beginn an dabei, seit das Haus 1993 eröffnet wurde.

Das sonnig-helle Gebäude, das gerade umfangreich umgestaltet wurde, bietet Zimmer im modernen und gemütlichen Stil, mit einer technisch hochwertigen Ausstattung, W-LAN und Flatscreen auf jedem der 109 Zimmer. Auf Wunsch wird das Frühstück morgens auch aufs Zimmer gebracht, nach einem erlebnisreichen Tag hängt für den

abendlichen Gang in die hauseigene Sauna bereits der Bademantel an der Tür zum Badezimmer bereit. Wer gerne die landwirtschaftlich geprägte Magdeburger Börde umweltbewusst erkunden möchte, kann sich im Hotel auch ein Fahrrad leihen. Die satten Böden Magdeburgs reizvoller Umgebung ermöglichen übrigens das reiche Angebot der Sachsen-Anhaltinischen Küche: Die Speisekarte des Hotelrestaurants bietet viel Fleisch, aber gerne auch Vegetarisches und frischen Fisch aus der Region. Dazu gibt es tagesfrische saisonale Gerichte und typisch Traditionelles wie den „Magdeburger Bötel" – Gekochtes Eisbein mit Sauerkraut, Petersilienkartoffeln und Erbspüree – oder die „Altmärkische Hochzeitssuppe" – eine Brühe mit Spargel und Klößchen.

Classik Hotel Magdeburg
Direktor: Sascha Dübbers
Leipziger Chaussee 141
39120 Magdeburg
☎ 03 91 / 6 29 00
www.classik-hotel.de

CH
CLASSIK
HOTEL

Obsthof Hornemann

Rubine zum Reinbeißen

Kirschkuchen vom Blech

Das Rezept zur Spezialität des Hauses finden Sie auf Seite 83

Topaz, Rubin und Rubinette: Namen, die sich lesen, als hätte man in Großmutters Schmuckkästchen einen Schatz gefunden. Das hat man in der Tat. Allerdings wäre ein Kästchen dafür viel zu klein, handelt es sich doch um Apfelraritäten – zu finden auf dem Obsthof Hornemann. Bereits in vierter Generation hat sich Hans Otto Hornemann dem Anbau und der Ernte heimischer Früchte verschrieben, gemeinsam mit seiner Tochter Sabine als fünfte Generation. Ihr Ururgroßvater belieferte mit seinen Früchten schon den Kaiser. „Der Geschmack des Monarchen wäre aber gar nicht mehr unserer", sagt Hans Otto Hornemann. Den von Majestät bevorzugten „Weißen Wintercaville" fänden die Kunden von heute viel zu mürbe. „Äpfel müssen richtig knackig sein", sagt der Gartenbau-Ingenieur. Unter seinen knapp 20 Sorten, wie beispielsweise Alkmene, Berlepsch, Macoun oder Shampion, finden sich viele seltene, die man in Supermärkten vergeblich sucht. Wie auch die Birnensorten Conference, Alexander Lucas, Boscs Flaschenbirne oder die Vereins Dechantsbirne, von denen ein Exemplar schon einmal ein ganzes Pfund wiegen kann. Doch nicht nur das ist besonders an dem Obst aus der Magdeburger Börde. Es ist vor allem sein intensives Aroma. „Unsere Schwarzerdeböden haben die höchste Bodenklasse", sagt Hans Otto Hornemann. So reichhaltig und fruchtbar sind die Böden kaum irgendwo sonst in Deutschland. Auf diesem Stückchen Erde stehen die rund 30 000 Apfelbäume, die über 1 000 Birnbäume und Süßkirschen des Obsthofes. Genausogut gedeihen aber auch mehr als 80 Kürbissorten, aus denen die Hornemanns bei ihrem spätsommerlichen Hoffest, das alle zwei Jahre stattfindet, „die tollsten Sachen" zaubern. Doch auch in den Zeiten, in denen es keine Kürbispuffer, Zierkürbisse und selbstgebackenen Pflaumenkuchen gibt, lohnt sich ein Besuch im Hofladen immer. Gilt es doch zahlreiche Schätze zu entdecken – verarbeitet in Flaschen und Gläsern, vor allem aber pur in großen Kisten statt in kleinen Kästchen.

Obsthof Hornemann

Inhaber: Hans Otto Hornemann

Am Schachtteich 1

39171 Sülzetal/Altenweddingen

☎ 03 92 05 / 2 01 14

www.obsthof-hornemann.de

Single Malt Whisky
BUSHMILLS
MALT
16

Malt & Mord

Hotel & Restaurant Behrens

Lammrücken im Brotmantel an Rotweinsauce mit Möhren-Ingwer-Mousse, Vanillegemüse und Kartoffelbaumkuchen

Das Rezept zur Spezialität des Hauses finden Sie auf Seite 84

Schon mal Haggis probiert? Die berühmt-berüchtigte Spezialität steht nicht auf der Karte. Bei einem Scotch-Tasting aber kann es passieren, dass genau das aufgetischt wird, was den Schotten ihr Labskaus ist: Gedämpft und flambiert ist das fleischige Traditionsgericht eine ideale Grundlage für die unterschiedlichen Malt Whiskys, die im Verlauf so eines gemütlichen Abends verkostet werden. „Wir suchen uns immer ein Thema, zu dem wir verschiedene Whisk(e)ys vorstellen", erklärt Roman Behrens und verweist stolz auf 60 Sorten Single Malt im Regal: ein Paradies für Kenner. Eine Rarität weit und breit. Und die Spezialität des Hauses.

Die andere kommt aus der Küche, wo Daniel Behrens zusammenzaubert, was Saison, Region und der hauseigene Kräutergarten bieten, möglichst in ungewohnter Komposition. Das kann im Frühjahr grüner Spargel mit Jacobsmuschen auf Orangen-Espuma sein. Und im Winter eine mit Wirsing und Rosinen gefüllte Gänsekeule auf Rotweinsauce. Besonders beliebt sind die kulinarischen Autorenlesungen, die beide Brüder mehrmals im Jahr in ihrem gediegenen Restaurant inszenieren: Zu Charlotte Thomas' „Die Madonna von Murano" gab es ein opulentes venezianisches Menü. Und zu Michael Böcklers „Mord mit drei Sternen" eine Gourmettafel mit passendem Wein aus dem Gebiet Saale-Unstrut, den der Detektivheld wider Willen Hippolyt Hermanus sogar empfiehlt. Die signierten Bücher der Autoren, die schon einmal hier waren – und immer gerne wiederkommen – stehen übrigens in der gemütlichen Bibliothek im Kaminzimmer, wo Hotelgäste gern auch Schach spielen. Denn übernachten kann man in diesem schönsten Haus am Platz natürlich auch: Die Jugendstilvilla hat nicht nur ein wunderschönes Fenster im Frühstückszimmer, dessen Blumenmotive in Blei gefasst sind, es hat auch ein ausgezeichnetes Frühstücksbuffet.

Hotel & Restaurant Behrens GbR
Inhaber: Roman und Daniel Behrens
Bahnhofstraße 28–30
39340 Haldensleben
☎ 0 39 04 / 34 21
www.hotel-behrens.de

Wein und Wissensdurst

Hotel & Restaurant „Waldschänke"

Mit seiner rustikalen Einrichtung könnte das ländlich wirkende Restaurant auch irgendwo in Süddeutschland stehen. Nicht aber mit einem solch atemberaubenden Blick durch die Panoramafenster: Direkt am Hochufer der mittleren Elbe gelegen, schaut der Besucher hinaus auf die romantische Elbauenlandschaft und über den hoteleigenen Weinberg hinweg. „Diese Trauben sind aber eher als Lehrmaterial für interessierte Gäste gedacht", beeilt sich Hotelchefin Monika Kowallik-Haase zu erklären, „und nicht zum Keltern geeignet. Da bieten wir lieber die Flaschen unseres Winzers an."

Der heißt Josef Thielmann, besitzt an der Mosel ein junges Weingut und den Ruf, einer der 100 besten Winzer in Deutschland zu sein. Ausschließlich seine Weine kommen in der „Waldschänke" in den Ausschank. Die dafür verwendeten Rebsorten hängen als grüne Muster an den Stöcken am Hochufer, sorgfältig beschildert, wie sie zu welcher Sorte verschnitten werden. Besonders beliebt ist der Riesling – er passt gut zu Fisch und leichten Speisen. Monatlich wechselnde Spezialitäten – Erdbeeren mit Spargel im Frühjahr bis Wildkarte im Herbst – ergänzen das ständige Angebot an deutscher Küche. Wer mag, kann sich auf der unteren Terrasse, wo ein Schiffspavillon gestrandet ist, aber auch mit frisch gezapftem Bier und Snacks selbst versorgen.

Schon vor hundert Jahren stand an dieser Stelle ein Ausflugslokal gleichen Namens. Das helle, freundliche Gebäude, in dem sich heute neben dem großen Gastraum auch ein extra Kaminzimmer befindet, wurde erst vor zehn Jahren errichtet, was im kommenden Sommer mit einer Festwoche gefeiert wird. Als „Bed & Bike" zertifiziert, finden Ausflügler nicht nur einen guten Unterstellplatz für ihr Rad, zu den Dutzend gemütlicher Doppelzimmer zählt auch ein Einzelzimmer – extra für Radler.

Hotel & Restaurant „Waldschänke"
Inhaberin: Monika Kowallik-Haase
An der Waldschänke 1a
39291 Hohenwarthe
☎ 03 92 22 / 9 59 90
www.waldschaenke-hohenwarthe-magdeburg.de

Burger Knäcke

Knusper-Burg mit Tradition

Ziegenkäse mit Knäcke-Kruste

Das Rezept zur Spezialität des Hauses finden Sie auf Seite 85

Roggenvollkorn, Salz und Wasser: Mehr braucht es für die dünnen Scheiben nicht, die als Endlos-Teppich vom Band laufen. Wer den verwinkelten, in Jahren gewachsenen Produktionsbereich betritt, bekommt gleich Appetit. Es duftet allerorts nach frischem Brot. In der Backhalle ist es warm, aber auch laut: Durch einen übergroßen Mixer wird kalte Luft in die flüssige Masse eingeschlagen. „Unser Knäcke ist ein ‚Kaltbrot', es kommt ganz ohne Hefe und andere Backtriebmittel aus", erläutert Marketingleiterin Stephanie Schütz das Verfahren. Sobald der aufgeschäumte Teig auf das Netzband gelangt, kommen die „Stubbelwalzen" und drücken Vertiefungen hinein. „So wird die Oberfläche vergrößert und das Brot kann schnell durchbacken. Das schont die Vitamine und macht unser Knäcke so knusprig."

Zehn Minuten später ist alles fertig: Kurzzeitig bei über 300 Grad gebacken, kühlt der Brotteppich langsam aus, während er weiter transportiert, geschnitten und noch handwarm verpackt wird. So wird das Burger-Knäcke seit 80 Jahren fast unverändert hergestellt, seit der Ernährungsforscher Dr. Wilhelm Kraft die Rezeptur von einer Skandinavienreise mitbrachte und das haltbare und

vitamin- und mineralstoffreiche Brot in Deutschland einführte.

Was in den 1990er Jahren noch als exotisches Ostprodukt galt, hat sich längst zu einem „Knäcke für ganz Deutschland" entwickelt: Acht Sorten – darunter das „Delikatesse", das es von Anbeginn gibt – sowie drei biozertifizerte Brote stehen zur Wahl. Über 9 Milliarden Scheiben wurden in den zehn Jahren gebacken, seit das eigenständige Werk zur Hagener Brandt-Familie gehört. Hätte man seither Scheibe an Scheibe gereiht, hätte man 25 Mal die Erdkugel umrundet. Nicht mitgezählt ist da das neue „Knäck'it" – eine ebenso knusprige wie gesunde Alternative zu Chips & Co: mit Tomaten, Paprika oder einer Asia-Mischung dragiert.

Burger Knäcke GmbH + Co. KG
Niegripper Chaussee 7
39288 Burg
☎ 0 39 21 / 92 30
www.burgerknaecke.de

BURGER
Ballaststoff

Paradies im Mustopf

Anhaltinische Schlemmer-Manufactur

Die Kartoffelmarmelade ist ein Hit. Verkocht mit Krokant schmeckt sie wie Marzipan. Zusammen mit Mohn gibt sie die ideale Stollenfüllung. Und durch Möhre und Ingwer erhält sie ein fruchtiges Aroma, mit leicht scharfem Abgang.

Dass Kartoffeln glücklich machen, weiß jeder aus Kindertagen: Man muss sie nur lang genug kauen, dann verwandelt sich die darin enthaltene Stärke in Zucker. Nach diesem Prinzip hat Sigrid Rau ihre einzigartigen Kartoffelaufstriche erfunden, darunter auch einen mit Ananas, mit Kürbis, Vanille oder Walnuss. Nur wie sie hergestellt werden, will die 68-Jährige nicht verraten: „Patentieren kann man so ein Rezept nicht", begründet sie. „Aber als Firmengeheimnis bewahren: Das ist meine Geschäftsgrundlage", fügt sie hinzu. Wie wäre es dafür mit „Löwenzahn-Limette"? Oder mit „Goldflöckchen", dem „Sektgelee mit Blattgold"? Es sind sehr ausgefallene Kompositionen, die Sigrid Rau in ihrer Küche kreiert und auf Märkten oder im Internet verkauft. Sie probiere gerne etwas aus, erzählt sie. Und dass ihre Fruchtaufstriche gar nicht so süß seien, denn oft verwendet sie Honig statt Zucker.

Dabei ist sie mit weit über 100 Rezepturen – darunter auch pikante Saucen und Senfsorten – nicht nur eine begnadete Mus-Spezialistin. Sie ist auch die „wahrscheinlich älteste Existenzgründerin Sachsen-Anhalts". Alles fing damit an, dass sie in Rente ging, ihre Selbstständigkeit als Inhaberin ihrer Brautmodengeschäfte aufgab und aufs Land zog. Als alle Umzugskartons leer waren, fing sie an, sich zu langweilen. „Nur zum Spaß" erfand sie 2005 für das alljährliche Kartoffelfest von Genthin die Kartoffelaufstriche. Und gewann damit zwei Jahre später auch das 6. Berliner Marmeladencasting. Seither hat sie keine Ruhe mehr. Und ständig eine neue Idee für neue Leckereien. Gerade wieder: Törtchen im Glas – natürlich in der Kartoffel-Krokant-Variante.

Erdbeer-Zitronengras-Ingwer-Fruchtaufstrich mit Honig

Das Rezept zur Spezialität des Hauses finden Sie auf Seite 85

Anhaltinische Schlemmer-Manufactur
Inhaberin: Sigrid Rau
Dretzeler Straße 9
39307 Genthin OT Gladau
☎ 03 93 42 / 93 99 01
www.schlemmern-sa.de

Rathaus, Wittenberg

MALEREI GRAFIK
PLASTIK OBJEKT

Einkaufspassage

Lutherstadt Wittenberg

An Martin Luther kommt niemand vorbei. Oder besser: jeder ständig, seit Ottmar Hörl 2010 in einer sommerlichen Kunstaktion 800 Miniaturausgaben des Reformators im farbigen Plastik auf den Marktplatz stellte – um die Lücke zu füllen, die die Restaurierung des bekannten Denkmals von Johann Gottfried Schadow auf dem Platz vor dem Rathaus kurzzeitig hinterließ.

Inzwischen steht der Schadow'sche Luther mit seiner Bibel wieder auf dem angestammten Platz. Und zusätzlich – in einer exakten, nur einen Meter hohen purpurroten, moosgrünen, kobaltblauen und schwarzen Kopie – an jeder zweiten Ecke und in jedem dritten Lokal. Die 50 000 Wittenberger ertragen den inflationären Gebrauch ihres Wahrzeichens mit Gleichmut: Von 1922 bis 1938 hatten sie 16 lange Jahre darum gekämpft, gebettelt fast, den Namenszusatz „Lutherstadt" tragen zu dürfen. Nun endlich, da ihre Stadt auch noch zum UNESCO-Weltkulturerbe zählt, kommen Touristen aus aller Welt, um die erhaltenen Wirkungsstätten des berühmten Reformators zu sehen: Die Stadtkirche, wo er als Pfarrer gepredigt hatte, die Schlosskirche, an deren Hauptportal er am 31. Oktober 1517 seine berühmten „95 Thesen" geschlagen hatte, die bis heute die christliche Kirche entzweien.

Dabei gibt es noch andere große Söhne der Stadt. Wer durch die hübsche historische Altstadt flaniert, kann fast an jedem Haus eine Emailletafel mit dem Namen desjenigen entdecken, der darin einmal geboren, gestorben ist oder gelebt hatte. Zu den ganz Großen gehört Philipp Melanchthon – Humanist, Philosoph und Theologe sowie Lehrer an der im 16. Jahrhundert sehr bedeutenden Universität Wittenberg. Auch er ist als Denkmal vor dem Rathaus vertreten.

Lucas Cranach, genannt der Ältere – einer der berühmtesten Maler und Grafiker der Renaissance – wirkte hier ebenso wie sein Sohn Lucas Cranach, der Jüngere. Ob tatsächlich von eigener Hand ist allerdings nicht ganz sicher, doch haben an die 5 000 (!) Bilder die Cranach-Werkstatt verlassen, an die 1 000 davon sind bis heute erhalten. Viele entstanden in Serie, oft malte der Meister nur das Gesicht und überließ den Rest seinen spezialisierten Gesellen, die die Werke am Ende mit einer geflügelten Schlange als Markenzeichen signierten. Platz genug hatte er ja: Der Cranach-Hof, einst die größte Künstler-

Stadtkirche St. Marien

Gildehaus

Lucas-Cranach-Denkmal

werkstatt des Landes, gehört heute der Stadt. Mithilfe der Cranach Stiftung und zahlreicher Spenden ist er nach 20-jähriger Rekonstruktion fast vollständig wiederhergestellt. Und beherbergt die gleichen Gewerke wie einst: eine Malschule, eine Druckerei, die Apotheke, eine Herberge und Weinschenke. Cranach, dem all das alleine gehörte, war ohnehin ein bedeutender Bürger der Stadt – ein paar Jahre Ratsherr und Richter, dazu wohl der größte Immobilienbesitzer nach Klerus und Adel. Was ihn zusätzlich reich machte, war das Privileg zur Herstellung von Arzneien, was ihm leichten Zugang zu Farben und Pigmenten, aber auch das Monopol auf Gewürze, Zucker und Konfekt sicherte. Vorausblickend hatte er sich zudem das Privileg auf den Verkauf des Elbsandsteins gesichert und konnte, nachdem die ganze Stadt ein Haus aus Stein haben wollte wie seines, sogar dem Kaiser Geld leihen. Genützt hat es wenig: 1547 wurde er von den katholischen Truppen des Kaisers gefangengenommen und nach Augsburg verbannt. Sechs Jahre später starb er in Weimar, im Haus seiner Tochter Barbara.

Luther und Cranach waren eng befreundet, natürlich. Möglicherweise hat Luther, der abtrünnige Mönch, auch Katharina von Bora, die abtrünnige Nonne, auf Cranachs Hof kennengelernt. Vielleicht sogar beim Essen – obwohl nach dessen (nachgewiesener) Leibspeise eine spontane Liebelei nach heutigen Geschmacksvorlieben vielleicht eher weniger vorstellbar ist: Hering mit Erbspüree und darüber Honig-Senf-Sauce.

Cranach-Hof

Bittersuess Café & Bar

Kaffee kreativ

Demonique

Das Rezept zur Spezialität des Hauses finden Sie auf Seite 104

Da behaupte einer, Kaffee wäre Kaffee. Axel Ziehme könnte nur widersprechen. „Ich habe zuerst auch nicht geahnt, wie unterschiedlich Kaffee schmecken kann", bestätigt er lachend. Dann, im August 2010 beschloss er sein erstes Lokal zu eröffnen: „Damit wollte ich vor allem zeigen, dass es mehr gibt als das Übliche", erläutert er seine „Pionierarbeit" für die ländliche Region. „Jetzt müssen Sie nicht mehr nach Berlin fahren, um die neuesten Trends kennenzulernen." Mindestens fünf exklusive Sorten sowie zwei (brasilianische) Espressobohnen bietet er an: vom feinen Wildkaffee aus Äthiopien bis zum kräftigen aus Tansania. Von milden „Elefantenbohnen" aus Mexiko, bis zur entkoffeinierten Sorte aus Kolumbien. Dazu den Monsooned Malabar aus Indien, der sein fruchtig-herbes Aroma tatsächlich erhält, weil die grünen Bohnen dem Monsunregen ausgesetzt sind. Alle Kaffees laufen durch die glänzende Siebträgermaschine. Viel wichtiger sei aber die Kaffeemühle, erklärt er: „Sein volles Aroma entfaltet Kaffee nur, wenn er wie bei uns in der optimalen Stärke und ‚á la minute' gemahlen wird."

So jung der 25-Jährige auch ist, so genau weiß er, was ein Wohlfühlambiente ausmacht. Edle Ledersofas, zu Sitzgruppen arrangiert, spiegeln den gelungenen Kompromiss aus Café und Bar. Am Abend mixt, schüttelt und rührt Barkeeper Martin Kramer ausgefallene Cocktails. Er hat schon erfolgreich an vielen Meisterschaften teilgenommen und noch mehr eigene Mixturen kreiert. Viele seiner Drinks gehören in die Kategorie „liquid kitchen" oder „cuisine style": Ungewöhnliche, hochwertige Spirituosen, zubereitet unter anderem mit frischem Zitronengras, Ingwer oder Basilikum. Gerne mixt er aber auch mit Kaffee – und sei es „Twiggy, Twiggy", einen von neun alkoholfreien Varianten, bestehend aus Himbeermark, Vanille, weißer Schokolade, Karamell und Espresso.

Bittersuess Café & Bar
Inhaber: Axel Ziehme
Schloßstraße 22
06886 Wittenberg
☎ 0 34 91 / 8 76 40 30
www.meinbittersuess.de

CAFE

Bei Cranachs Zuhause

Hofwirtschaft im Cranach-Hof

Nicht alles war früher einmal besser. Die Innenwände des Cranach-Hofs zum Beispiel, dessen denkmalschutzgerechte Sanierung fast abgeschlossen ist, waren vor 500 Jahren oft blau gestrichen, weil die kalte Farbe angeblich Ungeziefer fernhielt. „Das ist heute nicht mehr nötig", kommentiert Wilfried Rohr trocken und grinst. 2001 hat er in den historischen Räumen sein Lokal so eingerichtet, wie es von Lucas Cranach d. Ä. damals wohl auch gerne betrieben worden wäre. Da der berühmte Künstler dazu Patenonkel von Luthers Kindern war, werden beide dort oft gesessen und gebechert haben. Der Beweis dafür ist leider verschwunden: „Das kleine Bild mit beiden und dem Spruch ‚Wir waren auch hier' hat irgendwer mitgehen lassen."

Dafür kann Wilfried Rohr den „Luther-Becher" anbieten – einen Mix aus Rotwein, Honig und Kräutern. Oder den „Alten Cranacher"-Magenbitter. Seine Spezialität, wozu auch regelmäßig Tastings stattfinden, aber sind an die 140 Single Malt Whisk(e)ys und eine mit 70 losen Tees große Auswahl aus China, Ceylon, Formosa, Indien, Japan, Kenia, die selbst erfahrene Teetrinker noch überrascht.

Weil in seinen Räumen vom Denkmalschutz keine blaue Wandfarbe gefunden wurde, durfte er den großen Saal unter dem Kreuzgewölbe in Terracotta marmorieren, der kleinere davor blieb hell. Beide strahlen nun eine warme, sehr wohnliche Atmosphäre aus, was auch an der persönlich geprägten Einrichtung liegt: dunkles Holz, gepolsterte Stühle, ein altes, uriges Sofa.

Ein blaues Bild springt jedem Besucher ins Auge: Ein Porträt von Miles Davis, King of Blue, das aber nicht das einzige echte Kunstwerk in diesem geschmackvoll eingerichteten Lokal ist. Alle Bilder sind Originale – von Künstlern geschenkt, die sich für die schönen Abende bei Cranachs Zuhause bedanken wollten. Oder war es für die Nachmittage im Hof? Dort werden täglich frische Kuchen und Torten serviert, selbst gebacken, immer lecker und immer rund.

Heidelbeer-Mango-Torte

Das Rezept zur Spezialität des Hauses finden Sie auf Seite 104

Hofwirtschaft im Cranach-Hof
Inhaber: Wilfried Rohr
Schloßstraße 1
06886 Wittenberg
☎ 0 34 91 / 45 96 82
www.hofwirtschaft.de

CULTurBAR BARRIK

It's Showtime!

Fingerfood

Das Rezept zur Spezialität des Hauses finden Sie auf Seite 105

Mit insgesamt drei Bühnen – dem Kellergewölbe, dem Garten und der Barrik-Stage, wo auch Gastspiele aus Cabaret und internationale Entertainment-Shows laufen – ist die Location mehr als nur Showbühne: Es ist ein Restaurant mit leichter, mediterraner Küche. Es ist eine Bar, in der die Drinks nach Ansage gemixt werden. Und vor allem ist es ein Anlaufpunkt für alle, die Kunst und Kultur mögen und das Ungewöhnliche, Magische suchen.

Gerade im Sommer verwandelt sich der romantische Garten in das alte Paris: Beschwingt tanzen die Revuegirls die Hoftreppe hinunter und zeigen kokett langes Bein und Dekolleté, während die Herren zur Gitarre greifen. Die perfekte Akustik und die stimmungsvoll in Kerzenschein getauchte Dekoration tun ihr Übriges, dass man sich bald fühlt wie im „Moulin Rouge": „Barrik Rouge" ist ein Potpourri aus dem berühmten Pariser Nachtleben und nur eine von sechs laufenden, eigen produzierten Shows.

„Am Anfang war es nicht einfach", gibt David Vilches zu, der vor drei Jahren aus Berlin kam und das Barrik mit seinem Geschäftspartner Marc Diavolo übernahm. Da war der Kontrast zu Luther zu heftig, vermutet er und lässt ein raues, dunkles Lachen hören: Geboren in Andalusien, aufgewachsen in Barcelona, dann „in der ganzen Welt" aufgetreten, entspricht er mit Hut und Pferdeschwanz

ganz dem Bild eines geheimnisvollen Latinos. „Inzwischen lieben die Wittenberger, was wir machen." Und sehen in beiden Entertainern besonders interessante Gesprächspartner.

Die offene und familiäre Atmosphäre zieht Besucher aus der ganzen Welt wie auch Einheimische an. Da sitzen schon mal nachts, wenn alle anderen Lokale längst geschlossen sind, gut situierte Manager neben coolen Punks und tauschen sich über ihre Lebensentwürfe aus, „ohne dass aber auch nur einem der Kamm schwillt", erzählt Marc Diavolo, der trotz seines Namens blond wie ein Engel aussieht.

CULTurBAR BARRIK
Inhaber: David Vilches, Marc Diavolo
Collegienstraße 81
06886 Wittenberg
☎ 0 34 91 / 40 32 60
www.barrik.eu

BARRIK
Die erste und einzige CULTurBAR hier in Wittenberg
Tel.03491/40 32 60
Collegienstr. 81 - 06886 Lutherstadt Wittenberg
www.barrik.eu
That's Entertainment
Das Original bleibt das Original
Volksbank Wittenberg eG
ACRON HOTEL
LIEBICHTON
BARRIK
WEIN KULTUR BAR

Forellenhof Thießen

Franks frische Fische

Butterfly-Forelle mit Kartoffelsalat

Das Rezept zur Spezialität des Hauses finden Sie auf Seite 106

Das Thema Fisch ist Frank Ehrmanns Leib- und Magenthema. Er kennt die idealen Bedingungen, unter denen ein Fisch schlüpfen kann, die, unter denen er aufwachsen sollte, vor allem aber jene, unter denen er besonders gut schmeckt. „Eine Forelle mit Zitronenpfeffer und Salz würzen, in Mehl wälzen, innen vielleicht noch eine Scheibe geräucherten Speck, fünf Minuten braten – schmeckt wunderbar", beschreibt er eine von vielen Zubereitungsarten.

Die Be- und Verarbeitung von Fischen gehörte zur Ausbildung des gelernten Binnenfischers und studierten Fischerei-Ingenieurs. Über 100 verschiedene Produkte einschließlich Beilagen bietet Frank Ehrmann in seinem Ladengeschäft auf seinem Forellenhof an. Hier arbeitete er bereits, als dieser noch VEB hieß. Nach der Wende übernahm er den Betrieb. Aus etwa 100 000 Setzlingen ziehen er und seine fünf Mitarbeiter jedes Jahr Forellen, die größtenteils im eigenen Ladengeschäft verkauft werden. Es gibt sie mit und ohne Haut, geräuchert, gebraten, im Silbermantel, als Filet „Avignon" oder „Bombay". Auch in der küchenfertigen Variante – zubereitet mit der hauseigenen Fischgewürzmischung – gibt es die Forelle, die man zu Hause nur noch in die Pfanne legen muss, um Gäste oder sich selbst zu beeindrucken.

Neben der Forelle ist der Hering sehr beliebt bei seinen Stammkunden. Ehrmanns Bratheringsfilet wurde mehrfach prämiert. Aber auch Aal, Dorsch, Lachs, Schillerlocken oder Fischklopse finden sich hier appetitlich angerichtet.

Doch der Fisch lässt sich nicht nur aus der großen gläsernen Theke angeln, sondern auch aus dem Forellenteich, der idyllisch an den Hof angrenzt. So kommt es, dass viele Fischfans nicht nur auf dem Weg zur oder von der Arbeit auf eine frische Fischsemmel vorbeischauen. Jeden Tag, besonders am Wochenende und in Ferienzeiten, rücken rund um die Uhr Besucher mit ihrer Angel an, um sich – gegen eine kleine Gebühr – das Abendessen selbst zu fischen.

Forellenhof Thießen
Inhaber: Frank Ehrmann
Mönchholz 3
06862 Thießen bei Roßlau
☎ 03 49 07 / 2 04 55
www.forellenhof-thiessen.de

Kunsthof
Augustusgabe

Wohlfühlen leicht gemacht

Augustusgabe Barby

Django hat Asyl gefunden – inmitten einer Oase, die man nicht vermuten möchte in der Kleinstadt Barby. Passiert man die Hofeinfahrt der Augustusgabe, steht der Besucher unerwartet in einem Idyll, dass sich über Wiesen, alte Obstbäume und Stallungen erstreckt. Hier, auf dem ehemaligen Rittergut, das Herzog August von Sachsen-Weißenfels im 17. Jahrhundert seiner Braut als Morgengabe schenkte, ist das kasachische Kamel genauso beheimatet wie Hühner, Hunde und die drei Mini-Shetland-Ponys. Katharina Zenker-Kanzler empfängt jeden mit weit offenen Armen. Seit 1912 befindet sich das Anwesen im Besitz ihrer Familie. Mittlerweile wird es beinahe von drei Generationen gemeinsam bewirtschaftet. Sie machen die Augustusgabe Barby – heute Hotel und Restaurant – zu einem Ort der Herzlichkeit, der Natur und der Kultur. Hier wird gemalt, geritten, gespielt, getöpfert und gegessen. Und das nicht einfach nur gut, sondern passend zum Ambiente und dem, was hier wächst und gedeiht. Leicht mediterran mit regionalem Einschlag – so die kurze Umschreibung der Küche. Die Langversion findet man auf der Karte, etwa als „Barben-Essen" mit Gerichten wie Conrads Suppe aus dem Burggarten, Barben – eine Karpfenart – mit Wurzelgemüse und Klößen, Blättlein aus Blüten, Lehmofenbrot und zum Schluss gebrannte Mandelcreme mit Beeren. Die Kartoffeln für die Klöße – selbst angebaut, das Brot – selbst gebacken, die essbaren Blüten – im eigenen Kräutergarten gezogen. „Unser Renner ist das Susländer Steak und auch die anderen Spezialitäten von diesem außerordentlich zarten Schwein, etwa der Schinken, der einem Parmaschinken in nichts nachsteht", schwärmt Katharina Zenker-Kanzler. Das Essen ist für die Hausherrin ein wichtiger Teil des programmlosen Wohlfühlprogramms. „Ich wollte hier einen Ort schaffen, an dem man loslassen kann", sagt sie schlicht. Und das kann man in der Augustusgabe, dieser Oase für Jedermann – nicht nur für Kamele.

Susländer Steak, gebraten mit Zitrone und Tomate, mit Bratgemüse und Rosmarinkartoffeln

Das Rezept zur Spezialität des Hauses finden Sie auf Seite 106

Augustusgabe Barby
Inhaberin: Katharina Zenker-Kanzler
Brauhausstraße 24
39249 Barby
☎ 03 92 98 / 6 85 10
www.augustusgabe-barby.com

Hotel am Kurpark

Die Seele des Salzes

Rinderfiletsteaks unter Kräuterkruste an geschmorten Schalotten mit Kartoffel-Lauch-Gratin

Das Rezept zur Spezialität des Hauses finden Sie auf Seite 107

Das Konzert ist nicht planbar, die Künstler aber sind hochsensibel. Beim kleinsten Geräusch verstummen sie augenblicklich. Wer das Glück hat, den Fröschen im Schwanenteich lauschen zu dürfen, kann einen Moment erleben, in dem nur das Hier und Jetzt zählt.

Als Gast des benachbarten Hotels am Kurpark ist das Froschkonzert nur einer von vielen schönen Momenten, denn hier ist das Wohlgefühl planbar. Ein Team von 13 Mitarbeitern verwöhnt seine Gäste. In der alten Jugendstilvilla – zum Teil noch mit Original-Bleiglasfenstern – finden sie Ruhe und Entspannung. Das wissen viele Geschäftsleute zu schätzen, die zwischen zwei fordernden Terminen einen Abstecher nach Schönebeck/Bad Salzelmen machen. Und auch immer mehr Privatpersonen kommen.

Direkt vor der Haustür des Ende der 1990er-Jahre restaurierten Hotels mit angeschlossenem Neubau liegt ihnen zudem der Kurpark Schönebeck zu Füßen. Schließlich darf sich der Ort in der geografischen Mitte Sachsen-Anhalts nicht umsonst mit dem Namenszusatz „Bad" schmücken. Hier befindet sich die größte Salzgewinnungsanlage Deutschlands, auch als Gradierwerk bekannt.

Doch um in den Genuss des wohltuenden salzhaltigen Wassers zu kommen, mit dem sich unter anderem der Verdauungsapparat regulieren lässt, müssen die Gäste des Hotels am Kurpark noch nicht einmal vor die Tür: Die Sole ist fester Bestandteil des üppigen Frühstücksbuffets. Und auch sonst findet sich das Thema „Salz" im Hotel immer wieder, etwa im Namen des „Restaurants Salzkristall". Allerdings rundet das Hunderte von Jahren alte Mineral die frischen Zutaten lediglich ab, mit denen im Haus gekocht wird – Rotbarschfilet in Kräuterkruste etwa oder feines Würzfleisch. Genießen und dabei etwas für die Gesundheit tun – im Hotel am Kurpark gelingt dies. Und vielleicht wird der Genuss für den Gaumen sogar garniert mit einem Genuss für die Ohren ...

Hotel am Kurpark
Inhaber: Burchard Führer
Geschäftsleitung: Claudia Borstel
Magdeburger Straße 1
39218 Schönebeck/Bad Salzelmen
☎ 0 39 28 / 70 80-0
www.hotelamkurpark.de

Restaurant
& Cafe´

Stadt Quedlinburg
Stadtverwaltung
Sprechzeiten:
20·C·M·B·11
Rathaus

Altstadt

Marktplatz

Quedlinburg

Geschichten erzählen – das kann die Stadt Quedlinburg wie kaum eine zweite in Deutschland. Jeder Stein auf den Pflasterstraßen, jeder Stein in den Mauern der über 200 Fachwerkbauten ist prall gefüllt damit. Sie erzählen von der Entwicklung des Fachwerkbaus über acht Jahrhunderte hinweg, vom Leben der einfachen Menschen und des Bürgertums. Zu einem der bekanntesten Bauten zählt das Stadtpfeiferhaus – ein Vorläufer des kommunalen Wohnungsbaus, wenn man so möchte. Die Stadt ließ das Gebäude im 17. Jahrhundert, nach dem Ende des Dreißigjährigen Krieges für drei Personen errichten, die wichtige Funktionen im öffentlichen Leben ausübten: den Stadtpfeifer, der unter anderem Verordnungen und Urkunden verlas, den Stadtbüttel, also den Stadtpolizisten, und die Hebamme, in der Region auch „Mutter Griebsch" genannt.
Heute ist man vollauf damit beschäftigt, die Häuser zu bestaunen, die kleinen verwinkelten Gassen zu begehen und die Architektur verschiedener Zeitalter für sich zu entdecken, um schließlich den Weg zum Quedlinburger Schlossberg zu nehmen. Auf dessen Sandsteinfelsen ragt – weithin sichtbar – die mehr als tausend Jahre alte romantische Stiftskirche St. Servatius, in der der Sachsenkönig Heinrich im Jahr 936 beigesetzt wurde.
Viele Jahre später wurde der Schlossberg zu einem Schauplatz der ganz anderen Art: Die DEFA drehte hier den Märchenfilm „Schneeweißchen und Rosenrot". Überhaupt lud und lädt das Ambiente der Stadt immer wieder Filmemacher ein, ihre Protagonisten durch die altertümlichen Straßen laufen zu lassen. Auch „Till Eulenspiegel" wurde hier gedreht oder „Die Abenteuer des Werner Holt". Auf mehr als 60 Filme und Filmbeiträge sollen es die Stadt und ihre Umgebung bringen: historische Abenteuerfilme, Literaturverfilmungen, natürlich immer wieder Märchenfilme und Lustspiele. Auch der Komiker Otto verlagerte einen Teil der Handlung seines Films „7 Zwerge – Der Wald ist nicht genug" mitten auf den Marktplatz dieser Stadt.
Dass Quedlinburg als einstige Königspfalz und Mitglied der Hanse, die seit 1994 Unesco-Welterbe ist, auch kulinarisch einiges vorzuweisen hat, versteht sich beinahe von selbst. Quellnborjer Brennewien und Quellenborjer Masteschwein waren einst das Markenzeichen – weit

Nicolaikirche

über die Mauern der Stadt hinaus. Um 1600 herum hatte Quedlinburg 6 000 Einwohner und „nicht weniger als 100 Schnapsbrennereien", wie es heißt. Kornfelder – so weit das Auge reichte – breiteten sich um die Stadt herum aus. Doch das Korn in entferntere Gebiete zu verkaufen, erwies sich bei den damaligen Verkehrsverhältnissen als wenig lohnend. Es zu brennen, schon eher. Sogar der nach dem Brennen zurückbleibende Trester konnte verwertet werden, in dem er an die Mastschweine verfüttert wurde, was den Quedlinburgern reichlich Glück und Wohlstand beschert haben soll.

Schloss Quedlinburg

Auf dem Münzenberg

Im 19. Jahrhundert wurde Quedlinburger „Pubarschknall" zu einem echten Kracher: Das obergärige Braunbier wurde damals bereits einen Tag nach dem Brauen verkauft, nicht ohne den dringenden Hinweis, es mit der gleichen Menge Wasser zu vermengen und einige Tage zum Reifen stehen zu lassen. Wer nicht so lange warten mochte, büßte den Genuss mit Magenreizung, Durchfall und Blähungen.
Heute wird das süßlich-herbe Bier, das schwarz wie die Nacht ist, wieder in Quedlinburg gebraut und verkauft – ohne unerwünschte Nebenwirkungen. Auch dem Quellnborjer Brennewien wurde wieder Geist eingehaucht. Das Quellnborjer Masteschwien hingegen schrumpfte zu einer süßen Miniaturausgabe – zu einem rosaroten Schweinchen aus Spritzglasur.
Nach wie vor mag man es in der mittelalterlichen Stadt aber vor allem gerne deftig. Typisch Harz eben, in dessen Windschatten Quedlinburg liegt. Durch diese ausgesprochen günstigen klimatischen Bedingungen wächst und gedeiht vor den mittelalterlichen Toren der Stadt doch allerhand. Hier findet sich unter anderem das europaweit größte Anbaugebiet für Majoran. Das Gewürz steckt in zahlreichen Gerichten, die in Quedlinburg serviert werden. Und somit steckt im Essen auch immer ein bisschen Geschichte ...

Café Roland

Sieben und Eins

Pellkartoffeln mit frischem Kräuterquark

Das Rezept zur Spezialität des Hauses finden Sie auf Seite 128

Durch eine Tür schreiten und in sieben Cafés zugleich sein, das geht nur in Quedlinburg: Dass das Café und Restaurant „Zum Roland" aus sieben aneinandergereihten, historischen Fachwerkbauten besteht, die im Inneren gemütliche Räume und nette kleine Séparées ergeben, ist allerdings nur eine von vielen Besonderheiten. Kein Raum sieht wie der andere aus, jeder Besucher kann hier seinen ganz eigenen Lieblingsplatz entdecken. Und seine eigene Lieblingsspeise. Allen voran den Lieblingskuchen. 60 Kuchen- und Tortenrezepte gehören zum Repertoire von Inhaber Reinhard Wehrenpfennig, darunter die Quedlinburger Pfarrhaustorte, die er zusammen mit der Frau des Pfarrers aus Pflaumenmus, Rum und Walnüssen aus dem Pfarrhaushausgarten kreierte. „Sie ähnelt der Sachertorte, schmeckt aber noch besser", sagt der gelernte Bäcker, Konditor, Patissier und Koch lachend. „Hier bekommen Sie auch den besten Käsekuchen der Stadt." Wer es gern herzhaft mag, wird in einem der sieben Häuser – das älteste von 1417 – ebenso fündig. „Unsere Renner sind die Brotfladen." Sie ähneln einer Pizza, sind aber aus Sauerteig gemacht und mit feuriger Hähnchenbrust ebenso lecker wie mit Grillgemüse und Sonnenblumenkernen. Auf der Karte finden sich auch Salate mit lauwarmen Springbachforellenfilets und Sanddorndip oder ein gewürztes Lammhüftsteak mit erstklassigen Kräutern aus der Region. „In der Küche gelingt uns der Spagat zwischen moderner Küche und Hausmannskost." Zu letzterer gehört etwa das Pellkartoffelbuffet, das Wehrenpfennig unter anderem Reisegruppen anbietet. Nur eine von vielen Ideen, die der Gastwirt gar nicht alle umsetzen kann. Die Ruhe, die auch die Einheimischen hier suchen, findet der Chef selbst kaum, denn im Café „Zum Roland" kann man frühstücken, mittags und auch abends eine süße oder pikante Köstlichkeit genießen – und das an sieben Tagen der Woche. Wer dann auch gerne noch über Nacht bliebe, wird hier ebenfalls fündig: In den sieben Häusern gibt es für Gäste sieben Appartements.

Café Roland
Inhaber: Reinhard Wehrenpfennig
Breite Straße 2
06484 Quedlinburg
☎ 0 39 46 / 51 55 52
www.cafe-roland.de

Kaiser
Frisch gebackene Waffeln aus besten Zutaten!
Cafe Kaiser

Ein rundes Erlebnis

Café Kaiser

Mit Humor schmeckt alles besser. Und den findet man im Café Kaiser auf subtile Art an verschiedenen Stellen: „Heut' essen wir den Suppenhahn, den gestern wir noch huppen sah'n" ist in der Speisekarte zu lesen. Dass das nicht ernst gemeint ist, beweisen die kleinen Vorwerk-Hühner – weder verwandt noch verschwägert mit dem Staubsauger – die im großen Käfig des einladenden Gartens herum hüpfen dürfen. Im Gegenzug dafür geben sie die Eier, die sich in den zahlreichen Pfannkuchenkreationen wiederfinden – etwa mit Wildkräutern und Spargel, mit Pilzen, mit Rhabarber, klassisch mit Apfelmus und Zimt oder auch mit dem in Quedlinburg so beliebten Pflaumenmus. Das ist der Bestseller. Insgesamt stehen 14 süße und sechs herzhafte Varianten ganzjährig auf der Karte, ergänzt um jeweils saisonale Angebote. Hinzu kommen Gerichte wie das „Bauernmädchen" mit Bratkartoffeln und der regionalen Wurstspezialität Harzer Nackedei, dazu einen Karotten-Apfel-Salat, oder ein „Bauernsohn" mit Rührei, das ebenfalls mit Harzer Nackedei und gebackenen Kartoffeln serviert wird. Und während man auf das Essen wartet, kann man sich selbst eine leckere Zitronenlimonade kreieren, die zu jedem Pfannkuchen gut schmeckt. Die Idee, die Speisekarte vor allem auf der bei Kindern so beliebten Eierspeise aufzubauen, schwirrte der Familie Wehrenpfennig schon lange im Kopf herum. Ende der 1990er Jahre wagte sie sich an die Umsetzung. Und das familienfreundliche Konzept geht auf. „Bei uns können sich auch Familien mit zwei, drei oder mehr Kindern richtig satt essen zu einem guten Preis", sagt Chefin Annerose Wehrenpfennig. Vom Start an lief alles pfannkuchenrund und läuft es immer noch. Die Einheimischen kommen ebenso gerne wie die Touristen, die auf dem Weg zum nahen Schloss an der Adresse am Finkenberg vorbeischlendern. „Viel Eier", weiß man hier im Café Kaiser, „machen den Teig gelb. Und viel Schnaps den Bäcker blau."

Wagenrad mit Schinken

Das Rezept zur Spezialität des Hauses finden Sie auf Seite 128

Café Kaiser
Inhaberin: Annerose Wehrenpfennig
Finkenherd 8
06484 Quedlinburg
☎ 0 39 46 / 51 55 52
www.cafe-restaurant-kaiser.de

Café Münzenberg

Historisches mit Ausblick

Münzenberger Muskuchen

Das Rezept zur Spezialität des Hauses finden Sie auf Seite 129

Ein Blick durch das Gottesauge im ehemaligen Marienkloster gibt Erstaunliches frei: Eine Tafel kündet von den Genüssen, die den Besucher des Münzenbergs jenseits historischer Mauern erwarten. Direkt an die restaurierten Gewölbe aus dem 10. Jahrhundert grenzt das Café Münzenberg. 88 Stufen führen über die Wassertreppe hinauf, die ihren Namen von den Frauen erhielt, die einst über diese Treppe ihre gefüllten Wassereimer in die kleinen Fachwerkhäuser schleppten. Wer heute hier heraufgestiegen kommt, braucht nichts mit sich zu tragen außer einem anständigen Hunger. Der lässt sich im höchst gelegenen Café Quedlinburgs aufs Beste stillen. Die Speisen erinnern teilweise an die Tradition des Berges, auf dem jahrhundertelang die Ärmsten der Stadt lebten. Allerdings nur namentlich. Die Kesselflicker-Suppe etwa ist dank des frischen Gemüses eine echte Vitaminbombe, die Armen Ritter mit goldgelbem Rührei und Wiener Würstchen eine stattliche Portion Eiweiß. Und wer sich für das Carpaccio vom Ochsen entscheidet, muss sich ebenfalls keine Sorgen machen. Dabei handelt es sich mitnichten um jenes Tier, das einst die Lasten über die Pflastersteinwege des Münzenbergs zog. Die Spezialität des Cafés und Restaurants sind vor allem seine selbst kreierten Flammkuchen mit zartem, knusprigen Boden und üppigem Belag. Es gibt sie in je drei herzhaften und je drei süßen Varianten, ergänzt durch saisonale Besonderheiten wie Pilze im Herbst und Rhabarber im Frühsommer. Zu beiden Jahreszeiten zieht man sich nur im Notfall in das Innere des Cafés zurück, trotz des Charmes, den die kleinen, verwinkelten Räumlichkeiten ausstrahlen und die einen guten Einblick in die Bauweise des Münzenbergs gewähren. Doch viel verlockender ist es, Münzenberger Muskuchen und Kaffee auf der herrlich großen Terrasse einzunehmen und dabei den Blick auf den gegenüberliegenden Schlossberg und hinab auf die mittelalterliche Stadt zu genießen.

Café Münzenberg
Geschäftsführer:
Matthias Heyroth
Münzenberg 1
06484 Quedlinburg
☎ 0 39 46 / 90 71 34

Café Münzenberg
-das Höchste in Quedlinburg-

Eiskalter Hexenkuss

Eisvilla

Blut muss 37 Grad Celsius haben, um zu fließen. Eigentlich. Bei Vivien Wehrenpfennig aber ist es kalt – eiskalt. „Ich liebe Eis und das Eismachen", sagt sie. Bereits in der dritten Generation widmet sie sich der Leckerei: Ihr Großvater besaß in Halle die erste Stieleis-Fabrik und seit 2007 hat sie ihr eigenes Unternehmen, die Eisvilla in Thale. Trotz der Nähe zum Hexentanzplatz haben ihre Kreationen nichts mit Magie zu tun – auch wenn es im gut ausgestatteten Eislabor mitunter nur so kocht und brodelt. Dabei zaubert Vivien Wehrenpfennig etwa ein frisches Ananas-Petersilie-Eis. „Das ist der absolute Renner", sagt sie. Je nach Saison finden sich in der Kühltheke der schönen, modern eingerichteten Eisvilla Rhabarber, schwarze Johannisbeere oder Harzer Pflümli-Eis. „Das schwierigste Eis ist das Fenchel-Eis – damit haben wir lange experimentiert." Wer jetzt befürchtet, die cremige Mixtur könnte an den ungeliebten Teegeschmack der Kindertage erinnern, sollte sich unbedingt vom Gegenteil überzeugen. Unter den täglich 14 angebotenen Sorten – eine kleine Auswahl aus 70 Rezepten – wird wohl jeder seinen Favoriten finden. Dass Eis-Fee Vivien und ihr Team für alle Geschmäcker etwas zaubern können, beweist sie zum Beispiel am alljährlichen Männertag, an dem den Herren eine Kugel Schwarzbier-Sorbet ausgegeben wird. Und wenn die Eisvilla einmal im Jahr auf den Hund kommt, dann im allerbesten Sinne: Am Tag des Hundes gibt es in Thale Leberwurst-Eis. Nur die Vierbeiner, die zahlreich kommen, müssen ihr Eis draußen einnehmen – gern in Begleitung ihres Zweibeiners auf der großen Terrasse mit Blick in den schönen Kurpark. Dieser lässt sich übrigens auch von innen durch die Panoramafenster genießen – an kühleren Tagen vom offenen Kamin aus. Dabei kann man sich auch im Winter gut ein perliges Riesling-Eis auf der Zunge zergehen lassen, ebenso wie Kaffee und Kuchen. Und wem das immer noch nicht genug Magie ist, der wählt am besten einen Eisbecher Hexenkuss mit berauschendem Likör.

Zitronengras-Eis

Das Rezept zur Spezialität des Hauses finden Sie auf Seite 129

Eisvilla
Inhaberin: Vivien Wehrenpfennig
Hubertusstraße 7a
06502 Thale
☎ 0 39 46 / 45 32

Travel Charme
Gothisches Haus

Wohltat am Wohltäterbrunnen

Rücken und Keule vom Rehbock mit Pfifferlingen, Aprikosen und jungen Rüben

Das Rezept zur Spezialität des Hauses finden Sie auf Seite 130

Manchmal ist es nur ein Schritt, der von der einen Welt in eine andere führt. Eben noch auf den Pflastersteinen des Marktplatzes von Wernigerode stehend, fühlt man sich – beim Anblick des liebevoll restaurierten Fachwerks – gleich mitten ins 14. Jahrhundert versetzt. Hinter dieser kunstvollen Fassade verbirgt sich eine moderne Welt aus Holz, Stein und Licht, das von oben durch ein Glasdach fällt: das 4-Sterne-Superior-Hotel Gothisches Haus. Sanft werden die Gäste entführt in eine Oase der Erholung mit 116 Zimmern, einem exklusiven Wellnessbereich und vor allem einer exquisiten Küche. Mehrgängige Menüs mit anspruchsvollen Gerichten wie auch Buffets mit harztypischen Spezialitäten laden zum Genießen und zum Verweilen im Restaurant „Die Stuben", im Feinschmecker-Restaurant „Bohlenstube" sowie in den Räumen des „Winkeller 1360" ein.

Die jahrhundertealte Geschichte prägt die Atmosphäre des altehrwürdigen Hauses noch heute. „Die Verbindung von Tradition und Moderne wird bei uns auch in der Küche umgesetzt", sagt Direktorin und Gastgeberin Antje Märker. Für spannungsreiche Stunden sorgt regelmäßig ein Krimidinner, für eine Prise Exotik ein orientalisches Märchenmenü. Die Mythen und Sagen des Harzes, die sich vor allem um Hexen und ihre Zauberkünste drehen, werden in der Walpurgisnacht bei einem magischen Buffet wieder zum Leben erweckt. Dass in den historischen Gewölben des Weinkellers und der mit allen Finessen ausgestatteten Küche dennoch alles mit rechten Dingen zugeht, davon können sich die Gäste mit eigenen Augen überzeugen. Bei den raren und immer schnell ausgebuchten Küchenpartys haben Gäste die Möglichkeit, dem Küchenchef und seinem Team bei der Zubereitung raffinierter Speisen über die Schulter zu schauen, zu schlemmen und dabei vielleicht sogar noch ein paar (Zauber-)Tricks zu erlernen.

Travel Charme Gothisches Haus
Direktorin & Gastgeberin:
Antje Märker
Marktplatz 2
38855 Wernigerode
☎ 0 39 43 / 67 50
www.travelcharme.com/
gothisches-haus

Von Schmalzbrot bis Entrecôte

Grüne Tanne

Mohn-Eierlikör-Torte

Das Rezept zur Spezialität des Hauses finden Sie auf Seite 130

Es sind oft die Kleinigkeiten, die ein Haus zu etwas Besonderem machen. Die Grüne Tanne ist so ein Haus. Liebevolle Details bannen das Auge – eine Wanderschuhputzstation etwa, die den vom langen Fußmarsch am Harzer Hexenstieg ermüdeten Besucher im Vorgarten zum Verweilen einlädt. Mit gesäuberten Schuhen betritt der Gast dann das Haus und ist mittendrin in der „guten Stube". Das ist die Atmosphäre, die das Restaurant trotz seiner Größe ausstrahlt: Gemütlichkeit und Großzügigkeit, viel Holz und viel Licht – nicht nur im Wintergarten. Die Vereinbarkeit von scheinbaren Gegensätzen gelingt Gastgeberin Liesgret Wewer auch bei der Auswahl der Speisen. In der Grünen Tanne gibt es ein reichhaltiges Schlemmerbuffet mit saisonalen und regionalen Spezialitäten des Harzes. Aber auch die Besonderheiten anderer Regionen werden hier zur Geltung gebracht. Zum Beispiel gibt es Zwiebelkuchen und dazu eine feine Auswahl Pfälzer Weine. Ein Blick hinaus in den nahen herbstlichen Wald rundet das Bild ab. Der lässt sich auch vom charmanten Wellnesshaus aus genießen. Viel Abwechslung und Unterhaltung bietet die Gastgeberin an, bringt Künstler von nah und fern nach Mandelholz, wie die Fichten in der Gegend einst poetisch genannt wurden. Auch in der Grünen Tanne selbst ist für Poesie gesorgt und für gute Laune. An Kabarettabenden werden schon mal zu Köstlichkeiten ausgesuchte Werke von Loriot, Heinz Erhardt und Otto Reutter serviert. Mehrgängige Menüs – etwa weiße Tomatensuppe mit frischen Kräutern, pochierter Roulade von Lachs und Zander auf Curryschaum und einem Entrecôte double – kann man sich hier jederzeit in aller Ruhe auf der Zunge zergehen lassen. Auch Liebhaber von Kaffee und selbst gebackenem Kuchen kommen nicht zu kurz. Und wer auf das Glück des Einfachen setzt, bekommt bei Liesgret Wewer ein Glas Buttermilch und ein Schmalzbrot. Damit nämlich legten die Urgroßeltern Karl und Minna Günther den Grundstein für den Erfolg der Grünen Tanne.

Grüne Tanne
Inhaberin: Liesgret Wewer
Mandelholz 1
38875 Elend
☎ 03 94 54 / 4 60
www.mandelholz.eu

Landhaus „Zu den Rothen Forellen"

Sachsen-Anhalts höchstdekoriertes Restaurant

Filet von der „Rothen Forelle" mit Kartoffeln souffliert auf glasierten Gurken und Flusskrebsen

Das Rezept zur Spezialität des Hauses finden Sie auf Seite 131

Wenn von der kulinarischen Spitze Sachsen-Anhalts die Rede ist, dann wird von den Genießern zuallererst das Gourmet-Restaurant „Forellenstube" im Landhaus Zu den Rothen Forellen in Ilsenburg genannt. In den Listen der Restaurant-Guides wird es seit Jahren ganz oben geführt und über dem romantischen Haus am Forellenteich strahlt seit dem Jahr 2004 kontinuierlich der begehrte Michelin-Stern. Es ist bis dato das einzige im gesamten Bundesland, das sich mit diesem kulinarischen Ritterschlag schmücken darf. Küchenchef Thomas Barth, gebürtig aus Halle an der Saale, beschickt mit seiner kreativ-verfeinerten Regionalküche neben dem Fine-Dining-Restaurant mit Blick auf den idyllischen Forellenteich auch das „Landhaus-Restaurant" und die rustikale „Kutscherstube". Hier lässt Thomas Barth typisch Harzer Gerichte wie „Köhlersuppe" oder regionale Fischgerichte auftragen. Im „Landhaus-Restaurant" hat sich das sechsgängige Landhaus-Menü zum echten Renner entwickelt. Heil- und Wildkräuter, Bärlauch im Frühling und Pilze im Spätsommer liefern Pilz- und Kräutersammler aus Ilsenburg. Köstlich und erlesen sind die Speisen auch in der „Forellenstube". Zu nennen ist hier etwa „Carabinero auf Chorizo-Perlgraupen und Limonenbutter", „Steinbuttfilet auf Artischocken-Kalbskopf-Ragout und Trüffeljus" oder „In Portwein pochierter Rehrücken an Selleriepüree mit Pfifferlingen, Ilsenburger Kirschen und Bitterschokolade". Das Weinbuch umfasst rund 800 Positionen, auch das ist rekordverdächtig im Harzland. Die Forellen sind im Übrigen auch hier nicht von roter Farbe, wie der Name vermuten lässt, wohl aber das Forellen-Wappen der Grafen von Stolberg-Wernigerode, zu deren Besitz der einstige Junkerhof zählte.

Landhaus
„Zu den Rothen Forellen"
Privathotels Dr. Lohbeck
GmbH & Co. KG
Marktplatz 2
38871 Ilsenburg
☎ 03 94 52 / 93 93
www.rotheforelle.de

Genießen mit Panoramablick

Unmittelbar an das weitläufige Grundstück des Berghotel Ilsenburg grenzt der Nationalpark Harz. Bizarr-romantisch die Panorama- und Alleinlage im waldreichen Suental, oberhalb von Ilsenburg, dem Luftkurort am Fuße des 1141 Meter hohen Brocken. Ein Paradies für Wanderer und Genussmenschen, die abseits des Trubels den eigenen Akku aufladen und sich nach den Regeln der gastronomischen Kunst verwöhnen lassen möchten. Das Hotelensemble hat sich prächtig entwickelt. Systematisch wird die bauliche Erweiterung mit immer neuen Annehmlichkeiten in Logis und Restauration vorangetrieben. In Planung ist die Erweiterung des Zimmer- und Suitenangebotes, der Wellnessbereich wird noch einmal vergrößert und ein zusätzliches Fine-Dining-Restaurant soll noch mehr Genießer ins Mitgliedshaus der „Chaîne de Rôtisseurs" locken. Restaurantleiter Alexander Bauer und sein Team empfehlen nach dem Essen einen Besuch der „Q-Bar" mit einer erlesenen Auswahl an kubanischen Zigarren, edlen Whiskys und Bränden.

Für den erstklassigen gastlichen Auftritt sorgt Direktor Matthias Meyer, für die kulinarische Visitenkarte ist seit August 2007 Küchenchef Christian Meierding-Schmidt zuständig. Der gebürtige Aschersleber hat sein Handwerk im besternten Restaurant „La Fontaine" in Wolfsburg-Fallersleben erlernt. Im ganz im mediterranen Stil gehaltenen Restaurant „Rudolfo" zelebriert er eine innovative Jahreszeiten- und Frische-Küche, die mit großer Könnerschaft auch regionale Produkte in hervorragender Qualität einbindet. Immer ein Genuss sind die Ausflüge in die Fusion-Küche, wie zum Beispiel das Lachsfilet „Cross Over" mit Ahornsirup, Orangensaft, Sojasauce, Risotto-Himbeer-Taler und Avocado. Neben Wildgerichten aus den benachbarten Revieren offeriert Meierding-Schmidt auch „Zweierlei vom Iberico Schwein, Kürbis-Pilz-Gemüse, handgemachte Kartoffel-Topfen-Taschen" oder „US-Flankensteak vom Grill mit Rote-Pfeffer-Bohnen und Kartoffelwürfel".

Gegrillte Medaillons vom Rinderfilet an Süßkartoffelpüree, grünem Spargel und Kalbsjus

Das Rezept zur Spezialität des Hauses finden Sie auf Seite 131

Berghotel Ilsenburg
Inhaber: Andreas Rudolf
Suental 5
38871 Ilsenburg
☎ 03 94 52 / 9 00
www.berghotel-ilsenburg.de

Verlobungsinsel in der Oker

Schloss Wernigerode

Kulinarische Vielfalt im Harz

Die eher deftige, satt machende ländliche Harzer Küche von anno dazumal war geprägt durch das jahrhundertealte Bergmannswesen im Oberharz. Bergleute aus dem Erzgebirge und Schlesien, die in den Harz kamen, um hier nach Erz und Silber zu graben, haben bis heute ihre kulinarischen Spuren hinterlassen. Die Zeiten, als man in Ermangelung einer eigenen kulinarischen Identität von der „Armeleuteküche" im dicht bewaldeten Harz sprach, sie sind dennoch freilich längst vorüber. Heute bemühen sich zwischen Goslar, Wernigerode, Braunlage, Quedlinburg, Nordhausen, Eisleben und Osterode immer mehr Gastronomen um die gleichberechtigte Koexistenz von Tradition und Moderne in der Küche. Unter dem vom Harzer Tourismusverband eingeführten Qualitätssiegel „Typisch Harz" versammeln sich erstklassige regionale Erzeugnisse und Produzenten, die dem Vergleich mit anderen Kulturlandschaften Deutschlands selbstbewusst standhalten. Der Blick in die einschlägigen Restaurantführer beweist: Der Harz hat kräftig aufgeholt. Eine „kulinarische Safari" durch Berg und Tal könnte problemlos zu gleich mehreren haubendekorierten Restaurants führen. Und doch schätzen Harzer Köche und die Harzreisenden noch immer gerne die typischen Traditionsgerichte wie „Hackus und Kniester", „Harzer Schmorwurst" oder „Köhlersuppe".

Der Harz hat sich auch deshalb kulinarisch so erfreulich emanzipiert, weil Landwirte ganz auf die regionale Stärke und Identität ihrer Erzeugnisse setzen. Das „Harzer Rote Höhenvieh" schickt sich an, zum neuen Referenzprodukt des Harzes zu werden. Was beispielsweise Brockenbauer Uwe Thielecke auf den Bergwiesen rund um Tanne oder Biolandwirt Daniel Wehmeyer in der Karstlandschaft bei Osterode in der behutsamen Aufzucht dieser einst vom Aussterben bedrohten Rinderrasse an tadelloser Fleischqualität produzieren, findet sich als famoses Geschmackserlebnis auf vielen Speisekarten der ambitionierten Harzer Genussadressen wieder.

Den Harzer Käse, das bekannteste Synonym für die Genusswelt Harz, es gibt ihn noch, auch in seiner ursprünglichen Form als „Harzer Roller" mit viel Kümmel, auch wenn das Gros des Sauermilchkäses längst in Sachsen hergestellt wird. Von erstklassiger Güte sind die kleinen Manufakturkäsereien, die sich der Produktion von Ziegenkäse, nicht selten in Bio-Qualität, verschrieben haben.

Kaiserpfalz

Obertalsperre

Innenstadt Goslar

Wer den Harz kulinarisch entdeckt, der hat aller Orten die Möglichkeit, schmackhafte Wild- und Fischgerichte in unzähligen Varianten und Zubereitungsarten zu genießen. Die Forsten, Jagdreviere und Wälder liefern Rot-, Reh- und Schwarzwild, manchmal steht auch das Mufflon auf dem Speiseplan der Restaurants und Waldgaststätten. Die kristallklaren Gebirgsbäche sind die Heimat der Harzer Bachforelle, die von den heimischen Köchen meisterhaft in Szene gesetzt werden.

Der Harz und sein direktes Umland, das ist neben einem kleinen und feinen Weinanbaugebiet auch die Region der Spirituosen, der Kräuterliköre, der Edel- und Kornbrände und feinen Destillerien, die vielfach prämierte Obstbrände abfüllen. Ja, selbst ein Single Malt-Whisky stammt aus den Hochlagen des Harzes, genauer gesagt aus den „Highlands" rund um Zorge. Die Braukunst, im späteren Mittelalter eine der Haupteinnahmequellen des Harzes, auch sie gehört zur Genusslandschaft Harz dazu. An den Standorten Wernigerode, Goslar, Altenau und im Harzer Umland wird auch heute noch fleißig Bier gebraut und genauso gerne in urigen Stuben, schattigen Biergärten und stimmungsvollen Berghütten konsumiert. Der kulinarische Harz lohnt die Entdeckung, weil für jeden Geschmack und jeden Anspruch etwas Passendes dabei ist: Von der rustikalen Jause an blank gescheuerten Tischen bis zum feinen Gourmet-Menü in nobler Ambiance.

Hotel
Braunschweiger Hof

Behnecke, Bartels, Bartz = Braunschweiger Hof

Rosa gebratenes Hirschfilet auf Balsamico-Madeirajus mit rotem Zwiebelkonfit, frischen Pfifferlingen und Kartoffel-Birnen-Tarte

Das Rezept zur Spezialität des Hauses finden Sie auf Seite 148

Wenn Jürgen Bartz einmal ins Erzählen kommt, dann ist er eine sprudelnde Quelle. Seit 34 Jahren leitet der gebürtige Altenauer die Geschicke der Küche im gediegenen Hotel Braunschweiger Hof in Bad Harzburg. Wie kein Zweiter hat der erfahrene Küchenmeister die moderne, aber auch die traditionelle Harz-Küche in den vergangenen Jahren mitgeprägt und weiß von daher ganz genau, dass es jenseits von Schmorwurst, Kohlsuppe und Blaubeerschmandschnitzel noch ganz andere regionale Viktualien gibt, die auch Feinspitze zu begeistern wissen. Sein kreatives Reich ist das Hotelrestaurant „Behnecke", das namentlich auf den Begründer des seinerzeit noch als Gasthof „Stadt London" titulierten Traditionshotels zurückgeht. Bis heute ist der Gastronomiebetrieb aus dem Jahr 1894 am Rande des Nationalparks Harz im Besitz der Familien Behnecke und Bartels. Die weit gereisten Gäste des Vier-Sterne-Domizils schätzen die exquisite Ambiance der beiden Restaurants, das kultivierte Logisangebot in den 80 behaglichen Zimmern und Suiten, die Offerten des großzügigen Spa-Bereiches und vor allem das feine

Niveau der durchaus experimentierfreudigen Kulinarik, die Jürgen Bartz in kongenialer Partnerschaft mit Maître Otmar Becker zelebriert. Seine Reise durch Kulinarien ist französisch grundiert, in der aromatischen Erweiterung bisweilen durchaus mediterran, fernöstlich und mit Crossover-Elementen bereichert. Kulinarische Dauerbrenner sind seine Wildgerichte, darunter der Rehrücken, traditionell gespickt und mit Steinpilzen, Birnenrotkraut und Kartoffel-Kräuterplätzchen serviert – und stets frisch, die Forellen aus dem hauseigenen Bassin, variationsreich zubereitet. Das „Harzer Wildmenü" ist ebenfalls außerordentlich zu loben und letztlich soll bemerkt bleiben, dass die annähernd 250 Weine auf der gut bestückten Karte, die aus der Alten und Neuen Welt stammen, sämtlich fair kalkuliert sind.

Hotel Braunschweiger Hof
Inhaber: Rosemarie
und Dirk Bartels
Herzog-Wilhelm Straße 54
38667 Bad Harzburg
☎ 0 53 22 / 78 80
www.hotel-braunschweiger-hof.de

Das Sole-Menü – einzigartig im Harz

Hotel Tannenhof

Anke Borchardt ist nicht zu bremsen: Mit immer neuen kreativen Ideen, die sie im Hotel-Restaurant Tannenhof in Bad Harzburg in Nachbarschaft zu den Kureinrichtungen umsetzt, bringt sie kulinarisch den Nordharz kräftig in Schwung. Die Junior-Patronne gibt in der „Tannenstube", dem seit 2010 mit 13 Gault-Millau-Punkten ausgezeichneten Restaurant, den lukullischen Takt an. Während Anke Borchardts Reich die Küche ist, kümmern sich Ehemann Ralph Borchardt und ihre Eltern Inge und Uwe Brabandt um die Belange der beiden in Familienhand befindlichen Hotels Tannenhof und Winterberg. Da bleibt ihr und ihrem Team Zeit, sich ganz der anspruchsvollen Kulinarik zu widmen. Die hat sie bei Großmeister Berthold Siber in Konstanz von der Pike auf erlernt. Anke Borchardt hospitierte bei Kochlegende Heinz Winkler, bei Alfons Schuhbeck und anderen Granden der weißen Zunft. Heute ist sie mit ihrer geschmacksintensiven, frischen Jahreszeitenküche

in ihrer Heimat Harz angekommen. Apropos Kreativität: Die moderne Kunst an den Wänden des Restaurants hat die Chefköchin selbst gemalt, und auch die Teller, die der aufmerksame Service an die Tische bringt, sind kleine Kunstwerke. Von den Meistern hat sie gelernt, einzigartig hingegen ist das von ihr kreierte „Sole-Menü", das es in dieser Form kein zweites Mal im nördlichsten Mittelgebirge gibt. „Die Sole-Therme liegt gleich nebenan, und wenn man die Sole trinken kann, dann kann man damit auch kochen", dachte sich Anke Borchardt. Nun fließt die Sole der Johann-Albrecht-Quelle beim Kochen und Garen ganz natürlich ein. So ist beispielsweise das „Gedünstete Zanderfilet" in Harzburger Natursole zubereitet, und auch die „Solekartoffeln" benötigen keine weitere Würze. Gesundheit, die mundet. Beliebt ist die „Tannenstube" auch wegen ihrer vorzüglichen Wildgerichte, durchaus innovativ der „Tafelspitz vom Wildschwein", die „Rotwildmedaillons" werden in der Vorweihnachtszeit durch eine geschmacksintensive „Wacholder-Spekulatius-Sauce" flankiert. Bei den hervorragenden Steakgerichten greift die prämiierte Köchin gerne auf das irische Rind von Donald Russell zurück: Langsam gereifte Premiumqualität, die auch weit gereisten Genießern außergewöhnliche Gaumenfreuden bereitet.

Sauerbraten vom Hirschkalb, Dornfelder-Wildsauce, Kartoffel-Selleriepüree, kleiner Rotkohl-Apfelsalat

Das Rezept zur Spezialität des Hauses finden Sie auf Seite 148

Hotel Tannenhof
Inhaber: Familien Brabandt und Borchardt
Nordhäuserstraße 6
38667 Bad Harzburg
☎ 0 53 22 / 9 68 80
www.solehotels.de

Brauhaus Goslar

Die Gose – Das Harzer Ur-Bier

Bieramisu an einem Früchtespiegel

Das Rezept zur Spezialität des Hauses finden Sie auf Seite 149

Wenn Odin Paul am Goslarer Marktkirchhof in Schlagweite zum historischen Marktplatz vor seinen kupfernen Kesseln im Sudhaus steht, dann ist der diplomierte Braumeister ganz in seinem Element. Er ist der Letzte seiner Zunft in Goslar. Im späten Mittelalter war die ehemals freie Reichs- und Kaiserstadt Goslar ein Brauereistandort mit fast 400 „Braugerechtsamen". Heute ist es einzig der aus Braunschweig stammende Odin Paul, der die über 1000-jährige Brautradition mit Eröffnung der eigenen Gasthausbrauerei im Jahr 2009 zu neuem Leben erweckt hat. Bereits König Otto III. soll im Jahr 995 die „Gose", das Harzer Ur-Bier, mit großem Genuss getrunken haben. Neben den Harzer Bierspezialitäten serviert das freundliche Serviceteam in der angeschlossenen urig-rustikalen Gastronomie regionaltypische Köstlichkeiten, wie beispielsweise vom Harzer Roten Höhenvieh, und Gerichte aus alten Kochbüchern, wie „Hackus und Knieste", die wunderbar mit dem Gose-Bier harmonieren.

Der Name des Harzer Ur-Bieres geht übrigens auf das gleichnamige Flüsschen Gose zurück, nach dem auch die Kaiserstadt benannt ist (Gose, lar = Lager an der Gose). So zählt die Stadt Goslar neben Leipzig (Leipziger Gose) und Köln (Kölsch) zu dem elitären Kreis der Städte, die ihre eigene Biersorte haben. Das naturtrübe und naturbelassene Bier wird aus zwei Malzen, obergäriger Hefe und Harzer Brauwasser gebraut. Die „Helle Gose" schmeckt malzig süffig, ist nicht pasteurisiert und damit reich an Mineralstoffen. Braumeister Odin Paul folgt konsequent der historischen Rezeptur und fügt dem kochenden Würzsud Koriander und Salz hinzu. Die „Dunkle Gose" wiederum verdankt ihre rot-braune Färbung einem dritten Spezialmalz, das für den leicht rauchigen Geschmack sorgt. Auch ein Genuss sind die Saisonbiere wie Märzen und Vierkorn-Erntebier. 850 Hektoliter Goslarer Bier braut Odin Paul pro Jahr, Tendenz steigend. Na dann „Goseanna!". So stößt man zünftig an im Brauhaus, dem denkmalgeschützten Haus aus dem Jahr 1720.

Brauhaus Goslar
Inhaber: Odin Paul
Marktkirchhof 2
38640 Goslar
☎ 0 53 21 / 68 58 04
www.brauhaus-goslar.de

GOSE
Brauhaus Gose
GOSE
GOSE
BAMBERG
GERMANY
CARAHELL
Brau-, Röst- und
Caramelmalzfabrik
seit 1879
CARAWHEA
Brau-, Röst- und
Caramelmalzfabrik
seit 1879

Koch-Kunst in der Kaiserstadt

Das Entree aus dem Gründungsjahr 1930 ist standesgemäß. Wer die Freitreppe hinauf zum Goslarer Hotel Niedersächsischer Hof unweit der historischen Altstadt schreitet, auf den wartet ein kultiviertes Haus der Gastlichkeit, das sich bis heute als „Grande Dame der Goslarer Hotellerie" behauptet hat.

Kunst im Hotel ist eines der großen Themen von Sabine und Akhim Witter-Jhaveri, die als Direktorenpaar mit spürbarer Begeisterung und frohen Herzens die Geschicke des Traditionshotels seit März 2010 verantworten. Seitdem strahlt alles wieder in erhabenem Glanz und die nahezu 300 Original-Gemälde, Skulpturen und Objekte zeitgenössischer Künstler von internationaler Reputation kommen in den Zimmern und öffentlichen Bereichen richtig zur Geltung. In Zusammenarbeit mit dem Mönchehaus-Museum für moderne Kunst hat sich der Niedersächsische Hof zu einer der quicklebendigen, kunstsinnigen Adressen der Kaiserstadt entwickelt. Seit Jahren logieren hier die Träger des „Kaiserringes", des arrivierten Kunstpreises der UNESCO-Welterbestadt.

Kreativität und Inspiration, die Stichworte, die trefflich auch zur Kulinarik des Stadthotels passen. Gastgeber Akhim Witter-Jhaveri kochte einst in der Bad Godesberger „La Redoute" höchstpersönlich für zahlreiche gekrönte Häupter und Staatschefs wie König Juan Carlos und Leonid Breschnew. Heute reicht er seine kulinarische Inspiration an Küchenchef Yves Urbach weiter, dessen fein austarierte Küche der Jahreszeiten im Restaurant „Rosengarten" aufgetragen wird. Passend zur kunstvollen Rahmung ist die verbale Ausgestaltung der Speisekarte durchgängig lyrisch motiviert. Des Küchenchefs Angebote lesen sich dann so: „Die Harzer Forelle aus dem Gemüsesud, gebettet auf Wurzelgemüsestreifen, träumt an einer Sauce von Apfel und Meerrettich, dazu gesellen sich violette Kartoffeln". Liest sich toll, schmeckt toll!

Liaison vom Schwein und Lamm an einer Schalotten-Rotweinbutter mit glaciertem Sommergemüse

Das Rezept zur Spezialität des Hauses finden Sie auf Seite 149

Niedersächsischer Hof GmbH
Inhaber: Akhim und Sabine Witter-Jhaveri
Klubgartenstraße 1–2
38640 Goslar
☎ 0 53 21 / 31 60
www.niedersaechsischerhof-goslar.de

Stechers Landgenuss

Qualität direkt vom Bauernhof

Nordharzer Gockel-Lachs-Roulade auf Schnittlauch-Riesling-Rahm mit Rosmarin-Kartoffeln

Das Rezept zur Spezialität des Hauses finden Sie auf Seite 150

„Landgenuss" – in Stechers Hofladen in Goslar-Jerstedt ist das Philosophie und Motivation zugleich mit einem umfassenden Angebot, das auf gleich drei betrieblichen Standbeinen basiert. Da ist der Anbau von Obst und Gemüse aus den eigenen Ländereien, vor allem die seit über 25 Jahren kultivierten rund zehn Hektar großen Erdbeer- und Beerenobstplantagen und die rund sechs Hektar umfassende Anbaufläche von heimischem Gemüse, Salaten, Kartoffeln. Und da gibt es die Geflügelzucht in artgerechter Tierhaltung mit der eigenen Schlachterei und der Direktvermarktung im Hofladen. Drittens zieht seit 2005 das Bistro „Stechers Landgenuss" die Genießer einer authentisch-regionalen Frischeküche in den schmucken Bauernhofkomplex aus dem 17. Jahrhundert. Bei Familie Stecher steht die „Qualität der Frische und der offenen Produktion" ganz oben auf der Agenda: „In unserem Bistro und im Hofladen wird nur das zubereitet und verkauft, was unsere eigenen Felder jahreszeitlich verfügbar liefern, bei uns sind Transparenz und nachweisbare Herkunft garantiert", erzählt der passionierte Landwirt. Zahlreiche Kunden kommen inzwischen von weit her, um hier Puten, Bauerngockel, Gänse, Enten und Geflügelwurstspezialiten zu kaufen oder gleich im Bistro vor Ort zu genießen. Die rund 500 Weidegänse, die Landwirt Stecher pro Jahr aufzieht, leben bis zur Schlachtung auf Grünland nahe der Erdbeerfelder und werden mit Gemüse und geringem Getreideanteil langsam gemästet. Das Ergebnis ist ein superbes Geschmackserlebnis.

Einige Tausend Bauerngockel, aber auch Puten und Enten hält Familie Stecher übers Jahr. Ein Teil davon landet in unterschiedlichen Zubereitungsvariationen, zum Beispiel als „Spanischer Gockel" mit reichlich Knoblauch und mediterran zubereitetem Gemüse, auf der Speisekarte des Bistros. Ab Oktober sind auf der speziellen Saisonkarte Enten und Gänse der Renner. Im Bauernhofrestaurant werden selbst gebackene Kuchen und Torten nach Landfrauenart offeriert. „Stechers Landgenuss" ist ein kleines Paradies für kulinarische Entdecker am nördlichen Harzrand.

Stechers Landgenuss
Inhaber: Claudia und Wilfried Stecher
Hohe Warte 22
38644 Goslar-Jerstedt
☎ 0 53 21 / 8 13 42
www.stechers-landgenuss.de

RESTAURANT
Unser Sommerliches
Menü des Monats
Pochiertes Räucherlachs-Buttermilch-Küchlein
mit Wildkräutern
Gefüllte Perlhuhnbrust

Dänisch das Design, innovativ die Kulinarik

Hotel Njord

Frischer Wind in Goslar-Hahnenklee. Der kommt aus dem Norden und hat dem heilklimatischen Kurort eine gehörige Portion an kreativer gastlicher und kulinarischer Inspiration beschert. Denn seit 2008 gibt es neben der einzigen nordischen Stabkirche in Norddeutschland, eine zweite skandinavische Koordinate im Harzer Bergort: Das Hotel Njord, mit vier Sternen klassifiziert und wegen seiner nordisch modernen Konzeptionierung im Interiordesign ein Solitär in der Harzer Hotellerie. Dänische Investoren hatten das Objekt gleich vis à vis des Kranicher Sees entdeckt und daraus ein Refugium für Genießer gemacht. Hell, fröhlich, mit großzügig geschnittenen Räumlichkeiten, ausgestattet mit dänischen Designermöbeln und moderner Kunst an den Wänden. Zum Verweilen schön die Bibliothek, das Kamin- und Weinzimmer und sommers die prächtige Seeblickterrasse. Die Philosophie von Gastgeber und Direktor Markus Brandenburg: „home, sweet home". Das engagiert geführte Designhotel geht namentlich auf den in der Edda genannten Gott Njörd zurück, dem nordischen Gott des Meeres und der Winde.

Das kulinarische Angebot hätte ihm ganz sicher gefallen, denn was Küchenchef Thomas Wahnschaffe im feinen Restaurant „Madhus" für maximal 38 Gäste allabendlich kredenzt, lockt immer mehr Feinschmecker aus der Region an. Wahnschaffe, der im „Chardonnay" in der Autostadt Wolfsburg gelernt hat, präferiert eine aromenreiche innovative Crossover-Küche, in der er mit eigener Handschrift Regionales ebenso filigran verarbeitet wie erlesene Viktualien aus dem Norden Europas. Der Gast hat die Wahl: Neben den À-la-carte-Gerichten und dem viergängigen Schlemmermenü im Rahmen der Halbpension offeriert der Küchenchef ein „Menü des Monats", ein „Fisch-Surprise-Menü" und jeden Samstag ein „Nordisches Buffet", das Köstlichkeiten wie „Hausgebeizten Fjordlachs auf Orangenfenchel" beinhaltet. Das dänische Brot wird täglich frisch gebacken, die Fleischspezialitäten schonend auf Niedertemperatur gegart, der Bio-Ziegenkäse kommt aus Buntenbock, Kräuter und Obst aus dem eigenen Garten.

Forelle und Chip

Das Rezept zur Spezialität des Hauses finden Sie auf Seite 150

Hotel Njord
Inhaber: Familie Henriksen
Parkstraße 2
38644 Goslar-Hahnenklee
☎ 0 53 25 / 52 89 37-0
www.hotelnjord.com

Nordharzer Gockel-Lachs-Roulade auf Schnittlauch-Riesling-Rahm mit Rosmarin-Kartoffeln

Stechers Landgenuss, S. 144

Zutaten für 4 Personen

4 Brüste vom Landgockel mit Haut à 180 g, wahlweise frische Hähnchenbrüste | 1 kg Pellkartoffeln | 400 g Blattspinat | 200 g frisches Lachsfilet | 20 g Basilikum | 1 Ei | Olivenöl zum Anbraten | 2 EL Schnittlauch | 2 EL Zwiebeln, fein gehackt | ½ l Sahne | 4 EL trockener Riesling | 2 Knoblauchzehen, in Scheiben geschnitten | ½ EL edelsüßes Paprikapulver | 1 EL Rosmarin, fein gehackt | 50 g Parmesankäse | Salz | Pfeffer

Zubereitung

Die vier Brüste vom Landgockel wie eine Tasche aufschneiden, mit Salz, Pfeffer, Paprikapulver und fein geschnittenen Knoblauchscheiben würzen und damit füllen. In die Gockelbrust frische Blattspinatblätter und darauf je eine Scheibe vom Lachsfilet legen. Mit frischem oder tief gefrorenem Basilikum bestreuen. Die Ränder mit Eigelb einstreichen und zuklappen. Die vier Filets in nicht zu heißem Olivenöl anbraten, herausnehmen und im vorgeheizten Ofen 12 Minuten bei circa 140 °C garen lassen. In den Bratenfond den fein geschnittenen Schnittlauch und die fein gehackten Zwiebeln anschwitzen, salzen und pfeffern, mit vier Esslöffeln trockenen Riesling ablöschen, dann einen halben Liter Sahne dazugießen und die Sauce nach Wunsch einreduzieren lassen. Für die Rosmarinkartoffeln die Pellkartoffeln halbieren und diese in Olivenöl mit fein gehacktem Rosmarin und dem Parmesankäse goldbraun anbraten. Anschließend die Gockelbrust und die Rosmarinkartoffeln mit der Rahmsauce auf dem Teller anrichten und servieren.

Forelle und Chip

Hotel Njord, S. 146

Zutaten für 4 Personen

4 Forellenfilets à 160 g | 1 EL Zitronen-Olivenöl | Fleur de Sel | Salz | Pfeffer
Biskuit *170 g weiche Butter | 7 Eigelb | 7 Eiweiß | 215 g zerstampfte Kartoffeln | 130 g Mehl (Type 405) | Muskat*
Füllung *400 g Zucchini | 3 Eigelb | 2 EL Paniermehl | 1 Knoblauchzehe, ausgedrückt | 1 EL Olivenöl*
Sauce *100 ml Fischfond | 1 TL Tomatenmark | 150 g Krustentierkarkassen | ½ Schalotte | 1 Karotte | 60 ml Frischmilch | 50 ml Rotwein | Zucker*

Zubereitung

Die Butter mit Gewürzen schaumig schlagen, das Eigelb nach und nach dazugeben und das Eiweiß mit einer Prise Salz zu Eischnee schlagen. Nun die zerstampften Kartoffeln unter die aufgeschlagene Buttermasse rühren, dann den Eischnee und das Mehl abwechselnd unterheben. Die ganze Masse auf ein Blech mit Backpapier bei 200 °C circa 6 Minuten in den Ofen geben. Herausnehmen, auf ein sauberes Geschirrtuch stürzen und einrollen. Die Zucchini in grobe Stücke schneiden und mit dem Olivenöl und der Knoblauchzehe auf ein Blech geben. Mit Salz und Pfeffer würzen und circa 25 Minuten bei 180 °C in den Ofen geben. Die abgekühlten Zucchinis mit einem Mixstab pürieren, danach das Eigelb und das Paniermehl unterziehen. Nun den Biskuit vorsichtig aufrollen und mit der Masse füllen. Das Ganze in Alufolie stramm einwickeln und mit einer Gabel kleine Löcher einstechen, dann nochmals bei 180 °C 40 Minuten in den Ofen geben. Karotte und Schalotte mit den Krustentierkarkassen anrösten, das Tomatenmark dazugeben. Mit Fischfond und dem Rotwein ablöschen und 2 Stunden köcheln lassen. Dann den Fond passieren und zur Hälfte einkochen lassen. Zum Schluss die Frischmilch dazugeben, mit Salz, Pfeffer und gegebenenfalls Zucker abschmecken. Die Forellenfilets halbieren, mit Zitronen-Olivenöl die Haut beträufeln und 4 Minuten anbraten, dann aus der Pfanne nehmen. Vorsichtig die Haut mit einem Messer vom Filet nehmen und als Chip kross braten. Die Forellenfilets mit Fleur de Sel würzen und 2 Minuten bei 180 °C im Ofen nachziehen lassen. Den Biskuit in 2 Scheiben schneiden und auf den Teller geben: einmal stehend, einmal liegend. Dann die Filets darauf drapieren und den Chip in die Forelle einstecken. Die Sauce mit einem Mixstab aufschäumen, auf den Teller geben und servieren.

Blick über den Harz

Romantik Hotel Zur Tanne

Kulinarische Spitze im Oberharz

Vanille-Quark-Soufflé mit Goldwasser-Eis

Das Rezept zur Spezialität des Hauses finden Sie auf Seite 169

Ein Inbegriff für feines Speisen und genussvolle Momente in stilvoller Rahmung, das ist sie fürwahr: Die „Tanne" in Braunlage. Sie residiert im Zentrum des bekannten Luftkurortes am Fuße des Wurmberges, mit 971 Meter über NN, Niedersachsens höchster Berg. Das Romantik Hotel und Restaurant gibt seit Jahr und Tag auf der Klaviatur der Oberharzer Kulinarik mit Bravour den ersten Ton an. Unter dem Patronat der Familien Hans und Rüdiger Fleischhacker hat sich das Traditionshaus, das vor fast drei Jahrhunderten als Postauspann und Wirtshaus für Waldarbeiter seine ersten gastlichen Auftritte hatte, zu einer der kulinarischen Vorzeigeadressen der gesamten Region entwickelt. Seit 2004 ist das Hotel-Restaurant mit seiner harztypischen Holzfassade im Stammhaus im Besitz der Gastronomenfamilie Fleischhacker. Die stammt ursprünglich aus Walkenried und hat sich hier am Rande des idyllischen Kurparks ihren Traum von familiärer Gastgeberschaft erfüllt. Von kuschelig-romantischer Anmutung ist die Ambiance in den stilvoll konzipierten Zimmern und Suiten. Liebevoll gestaltet mit feinen, warmen Stoffen und Farben sind sie alle.

Mehrfach prämiert ist die Grande Cuisine der „Tanne". Sie wird von Patron und Küchenchef Rüdiger Fleischhacker verantwortet, der in den Restaurantführern wie Guide Michelin und Gault Millau gelistet und mit positiven Kritiken bedacht ist. Zum Aufsteiger des Jahres 2011 kürte ihn der „Große Restaurant & Hotel Guide". Fleischhacker versteht sich bestens auf die filigrane Verwendung mediterraner Aromen, er setzt die Produkte seiner Harzer Heimat, wie Harzer Forelle aus dem Frischwasserbassin oder Fleischgerichte vom Harzer Roten Höhenvieh, handwerklich perfekt ein. Während der Gast mittags zünftig speist, werden abends die Fine-Dining-Kreationen à la carte oder in mehrgängigen Degustationsmenüs von den Damen Fleischhacker aufgetragen.

Romantik Hotel Zur Tanne
Inhaber: Hans und Rüdiger Fleischhacker
Herzog-Wilhelm-Straße 8
38700 Braunlage
☎ 0 55 20 / 9 31 20
www.tanne-braunlage.de

ERDINGER

Herzblut und Hirschsalami

Puppe's

Rustikal und elegant, das ist kein Widerspruch – nicht in Puppe's Brotzeitstuben. Wer das Geschäft betritt, wird umfangen von Wärme, Herzlichkeit und Stil. Dafür sorgen das Interieur aus hellem Holz, die liebevolle Dekoration und der Duft von geräuchertem Schinken. Dass auch der Geschmackssinn angesprochen wird, dafür sorgen Inhaber Joachim Klaeden, seine Frau Andrea und das zehnköpfige Team. Mit Hingabe drapieren sie Harzer Spezialitäten auf einem Brettchen, richten Bauernschinken appetitlich neben Rotwurst an, ranken um Braunlager Stumpel – eine nach altem Hausrezept geräucherte Mettwurstspezialität – Köhlerschinken und Hirschsalami. Dazu gibt es auf italienischem Schamottstein gebackenes Brot. Die Wurst, die Joachim Klaeden anbietet, ist von bester Qualität, hergestellt nach alter Tradition. „Mein Vater fährt noch heute durch die Gegend, um Schweine und Rinder persönlich auf kleinen Bauernhöfen auszusuchen." Dort kennt man einander seit Generationen. Das ist wichtig. Fleisch und Wurst – das ist zu einer Vertrauenssache geworden, ein Vertrauen, dass der Familie seit Großvater Erich Puppe entgegengebracht wird. Der schloss seinen Kolonialwarenladen erstmals 1920 auf. Mit seiner Kaffeeröstung machte er sich weit über die Grenzen des Harzes hinaus einen Namen. Dort kennt man Puppe's noch immer. Manche Kunden kommen seit Jahren nach Braunlage, um ihren Urlaub im Feinkostgeschäft so richtig auszukosten. Die Holzbänke und -tische innen wie außen laden auch zum Verweilen ein. „Damit haben wir den Hüttencharakter mitten ins Dorf geholt", freut sich Joachim Klaeden. Und wie auf einer richtigen Hütte gibt es auch hier keinen Dünkel und keine Abgrenzung – weder zwischen Gästen und Team, schon gar nicht zwischen Mitarbeitern und Chef. „Wir mussten in schweren Zeiten eng beieinanderstehen. Das geht nur, wenn alle mit dem Herzen dabei sind. Denn die Firma Puppe muss man leben."

Puppe's
Inhaber: Joachim Klaeden
Am Brunnen 2
38700 Braunlage
☎ 0 55 20 / 4 87
www.puppe-braunlage.de

country-suites
Landhaus Dobrick

Ein Hideaway zum Verlieben

Quarkkuchen im Glas

Das Rezept zur Spezialität des Hauses finden Sie auf Seite 169

Das „Landhaus-Schlemmer-Frühstück" servieren die beiden sympathischen Gastgeber Kirsten und Dirk Dobrick ihren Gästen höchst persönlich jeden Morgen bis um 11 Uhr. Wie ein roter Faden zieht sich im ruhig gelegenen Landhaus Dobrick in Braunlage die vorgelebte Philosophie von Kreativität, Individualität, Herzlichkeit und Eleganz durch die stilvoll ausgestatteten country-suites. Ein Kleinod ganz im Stile der englischen bed & breakfast-Tradition, mit privater, familiärer Atmosphäre, feinstem englischen Teesilber und stimmungsvollem Ambiente. Ausstattung und Wohnkomfort in den Country-Suiten und Hotel-Appartements sind stylish und luxuriös. Gastgeberin Kirsten Dobrick und Ehemann Dirk haben sich ihren Traum von Gastgeberschaft mit den beiden Landhäusern, ergänzt durch Wohlfühlbereich, Außenterrassen und Garten, erfüllt. Auf zahlreichen Konzertreisen durch die internationale Hotellerie konnten die beiden leidenschaftlichen Musiker – Piano und Gesang mit der gemeinsamen Leidenschaft für Jazz – Anregungen für das eigene Hideaway mit in den Harz bringen. Das Besondere sind die zahlreichen originellen Wohnaccessoires, die dem Landhaus seinen ganz individuellen Charme verleihen. Ausgesuchtes Interieur wird von Kirsten Dobrick passend zu jeder Jahreszeit abgestimmt und lässt jeden Aufenthalt auch zu einem emotionalen Erlebnis werden. So sind traditionell harztypische Ornamente wie Hirschgeweihe bei den Dobricks mit Strasssteinen modern verziert.

Das marktfrische Frühstück im Frühstückscafé mit angrenzender Terrasse bietet hochwertigste Cerealien, immer auch Vitales und überrascht jeden Morgen im À-la-carte-Segment mit hausgemachten Kuchen, frischgebackenen Waffeln und anderen Köstlichkeiten mehr. Die Begegnungskultur „Wie bei Freunden" kommt bei der längst internationalen Gästeschar bestens an, wie die Bewertungen eindrucksvoll manifestieren.

country-suites Landhaus Dobrick
Inhaber: Dirk und Kirsten Dobrick
Im Wiesengrund 28
Am Schultal 3
38700 Braunlage
☎ 0 55 20 / 24 05
www.country-suites.de

The Glen Els
single hercynian malt whisky

The Glen Els, Harzer Single Malt Whisky

Hammerschmiede Spirituosenmanufaktur

Die Highlands mitten im Südharz. Betritt man die Manufaktur und Brennerei Hammerschmiede der Familie Buchholz in Zorge, staunt man angesichts der kupfernen Brennblasen, den sogenannten Pot-Stills, nicht schlecht. Denn inmitten unberührter Natur werden unweit der einstigen innerdeutschen Grenze edelste Brände sowie Kräuter- und Fruchtliköre kreiert. Erstklassige Produkte auf rein natürlicher Basis: Das hauseigene Quellwasser, das auch den nahen Elsbach speist, und auch die handwerklich geleistete Arbeit bilden das Fundament der prämiierten Erzeugnisse. Der Star des flüssigen Angebotes ist der Glen Els, der selbstbewusst als „Hercynian Single Malt Whisky" distribuiert wird. Seit 2002 haben die Brennereileiter Karl-Theodor und Alexander Buchholz schon weit mehr als 10 000 Flaschen des einzigen niedersächsischen Single Malt in limitierten Jahrgangs- und Einzelfasseditionen (Single Cask) abgefüllt. Die Kostbarkeit ruht mehrere Jahre zur Reifung in Eichenholzfässern, die zuvor mit Sherry, Madeira, Portwein oder Marsala befüllt waren. Das Ergebnis ist ein sehr milder, gradliniger nach leichten Karamell- und Mandarinnoten schmeckender Whisky, der zu den besten seiner Art in Deutschland zählt. „Whisky-Papst" Jim Murray hat den Glen Els mit 86,5 von möglichen 100 Punkten bewertet, nicht wenige der eingereichten schottischen Single Malts hatten da das Nachsehen. An den Standorten Wieda und Zorge lagern fast 300 Fässer. Aber auch für andere Produkte, wie die hochklassigen „Primeur Edition"-Obstbrände aus traditionellen Harzer Obstsorten (etwa das Berberitzengewächs Mahonie), finden immer mehr Abnehmer und Freunde in ganz Europa den Weg zur Hammerschmiede. Nach wie vor ein Verkaufshit ist das „Schmiedefeuer", ein brennbarer Kräuterlikör mit 56 Volumenprozent, mit dem 1985 alles begann. Nachgefragt ist zudem der „Black Els Premium-Vodka", der seit 2010 im Repertoire ist.

Hammerschmiede Spirituosenmanufaktur
Inhaber: Karl-Theodor Buchholz
Elsbach 11a
37449 Zorge
☎ 0 55 86 / 82 82
www.hammerschmiede.de

Restaurant Glück Auf
Fleischerei Eine

Jugendstil und Handwerkstradition

Wildschweinkrone gratiniert mit Basilikumbutter, dazu frisches Gemüse der Saison und hausgemachte Rösti

Das Rezept zur Spezialität des Hauses finden Sie auf Seite 170

Gleich vis-à-vis der Marktkirche zum Heiligen Geist in Clausthal-Zellerfeld, Deutschlands größter Holzkirche und zugleich eines der bedeutendsten Baudenkmäler des norddeutschen Barock, gibt es in der Harzer Berg- und Universitätsstadt ein zweites baugeschichtliches Juwel zu bestaunen: Das Restaurant Glück Auf mit dem prächtigen Glück Auf-Saal aus dem Jahr 1890. Imposant sind die umlaufenden Holzgalerien und die vom Jugendstil geprägten farbenfrohen Holzdeckenmalereien. Vergleichbares gibt es weit und breit kein zweites Mal. Im traditionsreichen Haus der Gastgeber- und Fleischermeisterfamilie Eine, in der schon der in Clausthal-Zellerfeld geborene spätere Nobelpreisträger Robert Koch gespeist hat, wird marktfrisch eine herzhafte regionale Küche der Jahreszeiten geboten, die in der gemütlichen „Weinstube" mit ihrem großzügigen Angebot an internationalen Kreszenzen, in der „Steigerstube" und im Restaurant serviert wird.

Der Familienbetrieb von Wolfgang Eine und den beiden Söhnen Andreas und Henrik ist seit fast 50 Jahren in der Bergstadt ansässig. Die Clausthaler Fleischermeister und Köche haben die beiden Handwerke von der Pike auf gelernt und genießen wegen ihres hohen Qualitätsbewusstseins auch bei den bundesweiten Cateringaktivitäten einen ausgezeichneten Ruf. Das Wildfleisch stammt exklusiv aus dem Forstamt Clausthal und dem Nationalpark Harz. Familie Eine verwendet bevorzugt das mit Mais und Weizen gefütterte Kikok-Geflügel, Rind- und Schweinefleisch tragen das Gütesiegel „Landjuwel". Köstlich mundet der „Hirtenteller", das sind Harzer Zickleinkoteletts in Aromaten gebraten, mit mediterranem Gemüse und Kräuterkartoffeln. Immer ein Hit im Glück Auf ist die „Köhlerliesel", eine gebratene Maishähnchenbrust vom Kikok-Huhn auf Wokgemüse und Reis. Für Barbecue-Fans sind die Eine-Brüder und die Harzstadt ein wahrer Wallfahrtsort. Gleich zweimal war der Familienbetrieb Deutscher Barbecue-Mannschaftsmeister.

Restaurant Glück Auf
Inhaber: Wolfgang Eine
An der Marktkirche 7
38678 Clausthal-Zellerfeld
☎ 0 53 23 / 16 16
www.restaurant-glueck.auf.de

Fleischerei Eine
Inhaber: Wolfgang, Henrik und Andreas Eine
Adolph-Römer-Straße 11
38678 Clausthal-Zellerfeld
☎ 0 53 23 / 22 57
www.eine.harz.de

RESTAURA
CAFÉ & RESTAURANT
& Barbecue

Café

Pionier des Okertaler Keimkornbrotes

Café Muhs

Die Bäckerei und Meister-Konditorei Café Muhs in Schulenberg im Oberharz ist ein Pionier der vital-gesunden Backkunst hierzulande. Einzigartig in ganz Deutschland ist das patentrechtlich geschützte Okertaler Keimkorn Brot®, das Konditormeister Stefan Muhs in der Backstube seines Handwerksbetriebes in Manufaktur nach urgroßväterlichem Rezept in erlesener Qualität herstellt. Die Vollwertbrotköstlichkeiten aus der Schulenberger Backstube sind auch online bundesweit erhältlich. Im Jahr 1976 erfanden Adolf und Berta Muhs das leckere Keimkornbrot, das über mehrere Stunden in belebtem Wasser gekeimt wird und mehrmals gewaschenes Sechs-Korn-Bio-Getreide beinhaltet. Weitere Zutaten sind Natursauerteig und Meersalz. Das gekeimte Getreide, das sind Roggen, Weizen, Hafer, Dinkel, Hirse und Gerste, wird in einer speziellen Nassschrotmühle fein verschrotet. Das durch seine basische Wirkung leicht verträgliche, verdauungsfördernde und natürlich schmeckende Brot kommt gänzlich ohne chemische Zusatzstoffe und künstliche Konservierungsstoffe aus. Es ist in 15 verschiedenen Ausführungen, etwa als Landbrot, als Bauernbrot, als Walnuss- oder Vitamin-Power-Brot in Bio-Qualität erhältlich. Neu sind die Keimkorn Brote der Harzbäckerei Muhs mit EM Bokashi oder Hanf-EM-Braunhirse. EM steht für effektive Mikroorganismen, die die Produkte noch einmal in Geschmack und Güte veredeln. Auch die hausgebackenen Torten, darunter die himmlische Brockenhexensahne-Torte, die Buchweizentorte oder die täglich frisch gebackenen Windbeutel sind von ausgewiesener Güte. Motorradfahrer, die bei Barbara und Stefan Muhs gerne Rast machen, genießen neben den hochwertigen Kaffeespezialitäten auch Deftiges wie die Fuhrmannsvesper, deren Basis natürlich das Okertaler Keimkorn Brot ist. Den hinreißenden Panoramablick auf das Brockenmassiv und die Okertalsperre gibt es gratis dazu.

Roggen-Krusten-Brot mit Kürbiskernen

Das Rezept zur Spezialität des Hauses finden Sie auf Seite 170

Café Muhs
Inhaber: Stefan Muhs
Richard-Böhm-Straße 11
38707 Schulenberg
☎ 0 53 29 / 8 05
www.cafe-muhs.de
www.keimkornbrot.de

Vanille-Quark-Soufflé mit Goldwasser-Eis

Romantik Hotel Zur Tanne, S. 156

Zutaten für 4 Personen

Vanille-Quarksoufflé *200 g Magerquark | 60 g Rohrzucker | 3 Eigelb | 3 Eiklar | Mark einer Tahiti-Vanilleschote | 1 Prise Salz | Abrieb einer ¼ unbehandelte Zitrone | Puderzucker zum Bestäuben | Zucker für die Form | Butter für die Form*

Danziger Goldwassereis *500 g Milch | 500 g Sahne | ½ Vanilleschote | 10 Eigelb | 270 g Zucker | 50 ml Goldwasser | 1 Blatt Gelatine*

Zubereitung

Den Quark von der Molke befreien, indem man ihn in einem Tuch ausdrückt. Das Eigelb schaumig rühren und unter den Quark ziehen. Das Eiklar mit dem Zucker steif schlagen und zusammen mit dem Vanillemark, der Prise Salz und dem Zitronenabrieb unter die Masse ziehen. Ein geeignetes Geschirr, zum Beispiel eine Mokkatasse, mit Butter auspinseln und mit Zucker auskleiden. Die Quarkvanillemasse dreiviertelvoll in die Tasse geben und in einem Wasserbad bei circa 200 °C im Ofen gut 12 Minuten garen.

Nicht so oft in den Ofen schauen, sonst kann es passieren, dass die Masse durch den Zug zusammenfällt. Wenn es schön aufgegangen ist, oben auf mit Puderzucker bestäuben und rasch servieren.

Für das Danziger Goldwasser-Eis Zucker und Eigelb in einer Schüssel im Wasserbad aufschlagen. Die Milch, Sahne und die Vanilleschote zusammen aufkochen, noch heiß unter Rühren auf die Zucker-Ei-Masse gießen. Die Gelatine einweichen und in der Masse auflösen. Die Masse dann durch ein Sieb geben und kalt rühren. Wenn die Masse kalt ist, das Goldwasser hinzugeben und in einer Eismaschine frieren. Die Gelatine ist dazu da, dass man das Eis besser abdrehen kann, weil es durch den Alkohol sehr schnell weich wird und das Eis durch die Gelatine die Form behält.

Quarkkuchen im Glas

country-suites Landhaus Dobrick, S. 160

Zutaten für 6 Gläser

100 g Butter | 125 g Zucker | 3 Eier | 50 g Mehl | 1 Pck. Vanillezucker | 1 TL Zitronensaft | 500 g Sahnequark | 1 TL Backpulver | Beerenobst, etwa Johannisbeeren oder Heidelbeeren, zum Dekorieren | Puderzucker und Minzblätter zum Dekorieren

Zubereitung

Die Butter mit den Eiern, Zucker und Vanillezucker schaumig rühren. Dann den Sahnequark und den Zitronensaft unterrühren. Mehl und Backpulver vermischen und dazugeben. Die vorher eingefetteten Gläser bis zu zwei Drittel füllen und bei 180 °C circa 30 Minuten backen. Abkühlen lassen, dann mit den frischen Beeren, Minzblättern und Puderzucker dekorieren und servieren.

Wildschweinkrone gratiniert mit Basilikumbutter, dazu frisches Gemüse der Saison und hausgemachte Rösti

Restaurant Glück Auf und Fleischerei Eine, S. 164

Zutaten für 4 Personen

1 kg Wildschweinrücken mit Knochen, vom Überläufer bis 2 Jahre mit einem Gewicht bis 30 kg | 400 g Möhren | 1 Stange Staudensellerie | 2 Zucchini | 200 g Bohnen | 1 Schalotte | 2 Zweige Rosmarin | 100 ml Portwein | 200 ml Olivenöl | 8 Kartoffeln | 4 Eier | 2 EL Mehl | ¼ Gemüsezwiebel | 100 g Butter | 1 EL feines Paniermehl | Meersalz | Pfeffer | Muskatnuss | 4 Blättchen mittlerer Größe vom frischen Basilikum | 1 frische Knoblauchzehe | Backpapier

Zubereitung

Die Butter mit Paniermehl und fein gehacktem Basilikum, Salz und Pfeffer vermischen, auf Backpapier ausrollen und idealerweise einen Tag vorher kühlstellen. In circa 0,5 cm starke Scheiben schneiden. Das Gemüse waschen und putzen, in Rauten tournieren, in kochendem Salzwasser circa 2 Minuten blanchieren, dann abschrecken. Kartoffeln schälen und mit einer Küchenreibe in grobe Streifen reiben. Die Kartoffelstreifen gut ausdrücken. Eier aufschlagen, die Gemüsezwiebel fein würfeln, das Mehl mit den Kartoffeln verrühren, salzen und pfeffern, etwas Muskatnuss hinzureiben und die Masse beiseitestellen. Den Wildschweinrücken in 4 gleich große Stücke teilen und unter fließendem Wasser kurz waschen, trocken tupfen, salzen und pfeffern. Schalotten schälen und grob schneiden, Rosmarin waschen, Knoblauch schälen. In einer vorgeheizten Pfanne alles mit etwas Olivenöl anbraten, bis die Wildkoteletts von allen Seiten gebräunt sind. Mit Wein ablöschen, mit dem Sud in eine ofenfeste Schale geben, mit den Butterscheiben belegen und bei 130 °C im Ofen circa 10–15 Minuten ruhen lassen. Das Fleisch sollte danach medium gegart sein. Je nach Volumen der Koteletts kann die Ruhezeit unterschiedlich sein. Das vorgegarte Gemüse in einem Topf mit etwas Olivenöl und einer Knoblauchzehe anschwitzen. Die vorbereitete Kartoffelmasse in einer heißen Pfanne flach in circa 5 Zentimeter große Taler goldgelb ausbraten. Das Gemüse auf einem Küchensieb kurz abtropfen lassen und auf einem vorgewärmten Teller platzieren, Rösti und Koteletts auf dem Gemüse anrichten. Etwas Bratenfond angießen und mit einem Zweig Rosmarin ausgarnieren.

Roggen-Krusten-Brot mit Kürbiskernen

Café Muhs, S. 166

Zutaten für 3 Brote = 1 Backblech

1. Ansatz (abends) *400 g Roggen | 600 g Wasser | 1 TL Meersalz, gestrichen | 1 TL Honig*

2. Ansatz (morgens) *600 g Roggen | 1 EL Koriander | ½ TL Kümmel | 100 ml lauwarmes Wasser | 40 g Hefe | 1 TL Meersalz, gestrichen | dunkelgrüne Kürbiskerne | Butter für das Blech*

Zubereitung

Abends den Roggen mittelfein schroten. Das Wasser auf 35–40 °C (gut handwarm) erwärmen, das Salz und den Honig darin auflösen. Das Wasser mit dem Roggen zu einem weichen Brei verrühren. Den Teig bei Zimmertemperatur, am besten in der Nähe der Heizung, über Nacht gären lassen. Die Backschüssel zudecken, sodass die Teigoberfläche nicht austrocknet (zum Beispiel mit einem feuchten Tuch und Plastikfolie oder mit einem Deckel).

Am nächsten Morgen ist eine leichte Gärung des Teiges zu beobachten. Der Teig riecht etwas säuerlich. Nun weitere 600 Gramm Roggen mit den Gewürzen fein mahlen. In lauwarmem Wasser Hefe und Salz auflösen und alles mit dem 1. Ansatz zu einem weichen Teig verarbeiten. Etwa eine Stunde zugedeckt gehen lassen, bis sich das Volumen verdoppelt hat.
Das Blech sorgfältig einfetten. Den Teig kurz durchkneten und in drei Portionen aufteilen. Jedes Teigstück gleich auf dem Blech zu einer Rolle formen (etwas kürzer als die schmale Seite des Bleches) und mit etwas Wasser bestreichen. Die Brote mit Kürbiskernen bestreichen und diese etwas andrücken und die Oberfläche eventuell etwas einschneiden. Die Brotlaibe noch 30–40 Minuten zugedeckt gehen lassen.
Das Blech auf der untersten Leiste in den kalten Backofen schieben und die Brote bei 220 °C etwa 60–70 Minuten backen. Gleich zu Beginn ein Schälchen mit kochendem Wasser auf den Backofenboden stellen, dann gehen die Brote besser auf.

Der mystische Harz

Klimaneutrales Resort für Genießer

Naturresort Schindelbruch

Im Südharz gibt es einen Ort, der scheint nicht von dieser Welt. Mitten in den tiefen, mythisch anmutenden Mischwäldern des Schindelbruchs bei Stolberg im Landkreis Mansfeld-Südharz residiert in romantisch-verwunschener Alleinlage das mit vier Sternen superior klassifizierte Naturresort Schindelbruch. Ein Wohlfühlrefugium am Fuße des 580 Meter hohen Großen Auerbergs. Auf dessen Gipfel thront seit dem Jahr 1896 das Josephskreuz, der Welt größtes eisernes Doppelkreuz.
Einmalig die Landschaft drum herum: Allen voran das Biosphärenreservat Karstlandschaft-Südharz, ebenso reizvoll Stolberg, der schmucke Luftkurort mit seinen annähernd 400 Fachwerkhäusern, dem Schloss und dem Denkmal für den berühmten Sohn der Stadt: Thomas Müntzer. Die Jagd- und Forstgesellschaft Stolberg/Harz ist die Eigentümerin des bald 100 Zimmer und Suiten umfassenden Naturresorts, das inmitten der intakten Harznatur seinen Gästen eine mehrfach ausgezeichnete Gastlichkeit auf Top-Niveau offeriert. Geschäftsführer Dr. Clemens Baron von Kempski, Ritter von Rakoszyn und das engagierte Direktionspaar Sabine Waske und Olaf Hirsch fühlen sich seit 2008, nach der umfangreichen Grundsanierung und der baulichen Erweiterung zum Resort-Hotel, der Nachhaltigkeit verpflichtet. Das

Rhabarber in drei Texturen

Das Rezept zur Spezialität des Hauses finden Sie auf Seite 186

weitläufige Naturresort auf rund 3 000 Hektar Gesamtfläche ist das erste komplett klimaneutrale Hotel in Mitteldeutschland und besticht durch sein stringentes Nachhaltigkeitskonzept. Ressourcen schonen, wo immer es nur möglich ist – das prämierte Umweltmanagement des Naturresorts ist Impulsgeber für eine ganze Branche und Beleg dafür, dass Ökonomie und Ökologie trefflich zueinanderpassen. Im Jahr 2009 gab es dafür in der Rubrik „Vorreiter" den Tourismuspreis des Landes Sachsen-Anhalt.

Das Resort wächst weiter und ist inzwischen in den erlauchten Kreis der „Wellness Hotels Deutschlands" aufgenommen worden. Zimmer und Suiten sind in unterschiedlichen Gebäudeteilen und in verschiedenen Kategorien zwischen rustikal-ländlich bis modern-luxuriös wählbar. Der großzügige Wellnessbereich lässt mit Schwimmbad, eigenem Saunadorf und diversen Spa-Offerten keine Wünsche offen. Gleiches gilt für die Kulinarik des First-Class-Domizils. Mit dem jungen Küchenchef Stefan Brettschneider, der gebürtig aus Nordhausen stammt und in renommierten Häusern, wie dem Schlosshotel Kronberg im Taunus, dem Hessischen Hof in Frankfurt und im King Kameha Suite in Bonn tätig war, sind die kulinarischen Ambitionen des Resorts in guten Händen. Stefan Brettschneiders frische, regional verwurzelte Sai-

sonküche aus Wald und Wiese genießt der Gast entweder im gemütlichen „Waldrestaurant" mit der sich anschließenden „Schindelstube", im „Jagdzimmer", auf der Sonnenterrasse oder im noblen, mit Pastelltönen und feinstem Silber ausgestatteten modernen Gourmetrestaurant, das 20 Genießern Platz bietet. Stefan Brettschneider bietet hier das regionale Menü „Das unumgänglich Regionale" und das internationale Menü „Geschmäcker der Welt" an und lässt den Gast zwischen drei bis sieben Gängen wählen. Das Wild kommt frisch aus den eigenen Revierbeständen, der leckere Ziegenkäse vom Gut Horbeck und die feine Wendefurther Forelle, ebenfalls aus der Region. Auf dem eigenen Grund wachsen Pilze, Beeren, Bärlauch, Holunder und Wildkräuter. Das Resort besitzt zudem eine eigene Herde von Galloway-Rindern. Ein Schlaraffenland für jeden Koch. Kostproben aus dem haubenverdächtigen Programm des Küchenchefs: „Velouté vom Kohlrabi mit geräuchertem Hirschschinken", „Weißer Tomatenschaum mit Coquilles St. Jacques und Safran" oder „Ceviche vom Bretonischen Hummer". Der Küchenchef versteht sich auch auf die klimafreundliche, vegetarische Küche, wie er es an jedem zweiten Donnerstag im Monat im Rahmen des „Veggie-Day" beweist. In der eigenen Wildhütte wird sommers zünftig gegrillt, dann stehen auch die berühmten „Stolberger Lerchen", das sind schmale Bratwürste, auf der Barbecuekarte.

Naturresort Schindelbruch
Inhaber: Sabine Waske
und Olaf Hirsch
Schindelbruch 1
06536 Stolberg/Südharz
☎ 0 34 6 54 / 80 8-0
www.schindelbruch.de

Tilman Riemenschneider Haus

Der Balkon von Osterode

Rinderfiletsteak vom Harzer Roten Höhenvieh an Auberginen-Zucchini-Ragout

Das Rezept zur Spezialität des Hauses finden Sie auf Seite 186

Michael Rabold, Patron, Serviceleiter und Küchenchef in Personalunion, scheint allgegenwärtig zu sein. Der Inhaber des über die Grenzen von Osterode im südwestlichen Harz bekannten Ausflugslokals Riemenschneider Haus kümmert sich mit der Verve des Gastgebers um die Belange der zahlreichen Stammgäste aus nah und fern. Die vielen Wanderer steigen in Osterode in den Harzer Hexen-Stieg ein, den 97 Kilometer langen West-Ost-Wanderweg, der bis nach Thale führt. Die Lage des Waldcafés und Restaurants ist wie geschaffen für die Auszeit im Zeichen des Genusses. Im Volksmund heißt das schmucke Gasthaus mit Kaminrestaurant, Wintergarten und spektakulärer Außenterrasse längst „der Balkon von Osterode". Der unverbaute Panoramablick geht über die roten Dächer der Stadt an der Sösetalsperre bis hin zu der auf einem Bergsporn gelegenen Ruine der Osteroder Burg. Als in den frühen 1930er Jahren die Sösetalsperre gebaut wurde, diente das Waldhaus als Unterkunft für die Bauarbeiter, heute ist es ein Inbegriff für anspruchsvolle Kulinarik.

Der sympathische Inhaber erlernte das Kochfach einst im Hotel Sauerbrey im Osteroder Ortsteil Lerbach, wirkte dann für zwei Jahre in Dubai und brachte wertvolle Erfahrungen mit in die Harzer Wahlheimat zurück. Die Kulinarik des Hauses offeriert eine ehrliche Harzer Jahreszeitenküche, basierend auf hochwertigen, stets frischen Grundprodukten. Bevorzugt verwendet Michael Rabold das Harzer Rote Höhenvieh, das er von Landwirt und Züchter Daniel Wehmeyer aus dem benachbarten Düna in tadelloser Qualität bezieht. Ein Klassiker aus der Tilman-Küche ist der „Rehrücken mit Selleriepüree und Fichtennadelbutter überbacken". Hausgebacken sind die Torten und Kuchen, darunter der „Gretchenkuchen", der mit Stachelbeerbaiser versehen einer der süßen Favoriten Michael Rabolds ist.

Tilman Riemenschneider Haus
Inhaber: Michael Rabold
Fuchshaller Weg 79
37520 Osterode am Harz
☎ 0 55 22 / 7 62 82
www.tilman-haus.de

Bastion des guten Geschmacks

Hotel zum Löwen

Kulinarische Stippvisite im südlichen Harzer Umland. Genauer gesagt im niedersächsischen Teil des Eichsfeldes: eine Landschaftsidylle wie aus dem Bilderbuch, prachtvolle Fachwerkhäuser in fein herausgeputzten Orten. Die kulturelle Mitte ist die romantische Fachwerkstadt Duderstadt. Die Zahl der liebevoll restaurierten Bürgerhäuser entlang des historischen Marktplatzes ist imposant. Dort im Herzen der Stadt liegt das erste Haus am Platze: das Traditionshotel Zum Löwen. Aufwendig restauriert ist die wunderschöne Renaissancefassade des denkmalgeschützten Hauses.

Seit 1684 wird der „Löwe zu Duderstadt" in den Jahrbüchern der Stadt als Hotel geführt. Seit dem Jahr 2000 wiederum steht die Duderstädter Hotelinstitution unter der engagierten Regie der Familie Franz-Josef Otto, die im benachbarten Fuhrbach zudem den „Kronprinzen", das Stammhaus, leitet und auch das Restaurant Graf Isang am Seeburger See. Ihr Mehrfachpatronat ist hier wie dort authentisch-herzlich, familiär und doch höchst professionell in der Erfüllung der jeweiligen Wünsche ihrer Gäste. Kulinarisch ist der „Löwe" ein Referenzbetrieb der Region. Ganz sicher ein Verdienst von Gastgeber und Hotelmeister Franz-Josef Otto, der einst selbst den Beruf des Kochs im Romantik-Hotel Zur Tanne in Braunlage erlernte und deshalb genau weiß, was Feinschmeckern mundet. Im Restaurant gibt der langjährige Küchenchef Olaf Becker den kreativen Ton an. Die kulinarische Bandbreite seiner frischen Jahreszeitenküche reicht von deftig-regional bis edel-international. Großer Nachfrage erfreut sich das Wine & Dine-Tasting-Menü in fünf Gängen mit korrespondierenden Weinen. Die Weinkarte ist bestens bestückt, noch beeindruckender freilich ist die Auswahl an erlesenen Digestifs, darunter europäische Spitzenbrände der Extraklasse, denn die sind das große Hobby von Franz-Josef Otto.

Geschmorte Lammhaxe mit Blattspinat und Zitronen-Kartoffel-Püree

Das Rezept zur Spezialität des Hauses finden Sie auf Seite 187

Hotel zum Löwen
Inhaber: Franz-Josef Otto
Marktstraße 30
37115 Duderstadt
☎ 0 55 27 / 8 49 00-0
www.hotelzumloewen.de

Hotel zum Kronprinzen

Das Landidyll im Bergdorf Fuhrbach

Sauerbraten vom „Eichsfelder Weiderind“ mit Backobst, Apfelrotkohl und Kartoffelklößen

Das Rezept zur Spezialität des Hauses finden Sie auf Seite 187

Fuhrbach. Inbegriff der ländlichen Romantik in der Kulturlandschaft des Eichsfeldes. Tor zum südlichen Harz und damit ideal für Erkundungstouren im Koordinatenfeld von gleich drei Bundesländern: Niedersachsen, Thüringen und Sachsen-Anhalt. Und in der Mitte des Bergdorfes ist ein gastliches Kleinod anzutreffen, das für seine über Jahrzehnte vorbildlich praktizierte Kultur der Gastlichkeit geschätzt wird. Das blitzblanke Landhotel Zum Kronprinzen am kleinen Dorfbach Fuhre ist seit dem Jahr 1889 im Besitz der Hoteliersfamilie Otto. Zunächst ein dörflicher Ausschank, dann Wirtshaus mit nur zwei Fremdenzimmern, wuchs der gastliche Betrieb kontinuierlich zum heutigen kuscheligen Komforthotel mit 50 Zimmern. Das gelebte Motto: aus der Region für die Region. Die Gastronomie wird noch immer maßgeblich von Annemarie Otto, der Mutter des Patrons Franz-Josef Otto, mitverantwortet. Und dies, obwohl die Seniorchefin mit 76 Jahren in einem Alter ist, in dem man sich längst von den Töpfen und Pfannen zurückziehen könnte. Ihre handwerklich akkurat dargebotene Kochkunst ist ganz auf der Höhe der Zeit. Gleichwohl bevorzugt die weiße Brigade typisch schmackhafte Eichsfelder Gerichte wie „Schlachtesuppe“ oder die Schmorkohlpfanne „Lumpen un Lüse“. Den hohen Grad an kulinarischer Authentizität mit konsequenter regionaler Verwurzelung manifestieren Annemarie Ottos herzhafte Klassiker wie zum Beispiel „Tafelspitz mit Meerrettichgemüse und Rosinen“. Die berühmten Eichsfelder Würste „Feldgieker“ und „Eichsfelder Kälberblase“ stammen selbstverständlich aus der eigenen Hausschlachtung, das Wild von heimischen Jägern. Die ländlich-feine Küche der Jahreszeiten wird von dem umsichtig agierenden Service unter Leitung von Kerstin Otto im „Jagdzimmer“ oder im „Roten und Blauen Salon“ aufgetragen.

Hotel zum Kronprinzen
Inhaber: Franz-Josef Otto
Fuhrbacher Straße 31–33
37115 Fuhrbach
☎ 05 52 7 / 9 10-0
www.hotelzumkronprinzen.com

Marktkirche

Saale in Halle

Innenstadt

Halle und das Salz

Salzwedel, Bad Salzelmen, Bad Sulza, Salziger See, Salzlandkreis – dass die Luft in Sachsen-Anhalt oder vielmehr die Erde sehr salzhaltig ist, darauf weisen die Namen einiger Städte und Gemeinden, eines Sees und eines Landkreises unmissverständlich hin. Auch der Name Halle ist in diesem Zusammenhang zu nennen. Erstmals taucht der Name dieser Stadt im Jahr 806 in der „Chronicon Moissiacense" auf, der berühmten Chronik des Benediktinerklosters Moissac: als „Halla". Das Wort, das man der Sprache der Kelten zuschreibt, bedeutet: Stätte der Salzbereitung. Entsprechend benannt haben sich auch die Städte Bad Reichenhall und Hallstatt, letztere – wie um den letzten Zweifel zu beseitigen – im Salzkammergut in Österreich gelegen. Die Geschichte der Salzgewinnung auf dem Boden des heutigen Sachsen-Anhalts führt bis in die Jungsteinzeit und die jüngere Bronzezeit zurück. Archäologische Funde lassen darauf schließen, dass sowohl keltische wie auch germanische und slawische Stämme „in Salz machten". Dort, wo heute in Halle das Pflaster den Boden des Hallmarktes bedeckt, soll das salzhaltige Wasser neben der Saale an die Oberfläche gedrängt haben. Dessen Aufbereitung allerdings war harte Arbeit. Die Salzwirker schleppten das Wasser der Solequellen zu den Siedehäusern, um es in riesigen Pfannen verdunsten zu lassen. Das brachte ihnen auch den Namen Pfänner ein. In Halle arbeiteten und lebten sie getrennt von den Hallensern, schlossen sich im 16. Jahrhundert zur „Salzwirkerbrüderschaft im Thale zu Halle" zusammen – den Halloren. Die Form der Knöpfe ihrer Tracht findet sich nach wie vor in der wohl bekanntesten ostdeutschen Praline wieder, der Hallorenkugel. Das Geschäft war ein überaus einträgliches, galt Salz – und gilt es noch heute – als das wohl beliebteste Würzmittel. Doch in einer Zeit ohne Kühlschränke und Gefriertruhen spielte es eine noch viel gewichtigere Rolle: als Konservierungsmittel. Fleisch und Fisch, kräftig eingesalzen, ließen sich so einige Zeit aufbewahren. Seine Vielfältigkeit und sein beschränktes Vorkommen machten das Mineral im Mittelalter zu einem begehrten Handelsgut. Über weite Strecken hinweg wurde es transportiert. Salzweg, Salzstraße, Hellweg oder Salaria hießen die Routen. In Mitteleuropa hatten drei davon ihren Ursprung: in Salzburg,

Saline, Schoenebeck

Justizgebäude

in Reichenhall und in Halle an der Saale. Letztere führte über Leipzig durch Mittelsachsen, das Erzgebirge bis nach Prag. Im Mittelalter galt Halle als einer der bedeutendsten Handelsplätze des römisch-deutschen Kaiserreiches. 1281 wurde die Stadt in Urkunden sogar als Hansestadt erwähnt. Allerdings kurbelte man den Salzabsatz auch durch seltsam anmutende Maßnahmen an. 1726 etwa wurde eine „Allgemeine Salzkonskription" erlassen. Auf königlichen Geheiß hin musste jeder Bürger der Stadt ab seinem neunten Lebensjahr eine bestimmte Menge preußischen Salzes erwerben. Eine Unterlassung wurde mit einem Strafgeld in der 3,5-fachen Höhe des Kaufpreises geahndet.

Vom Wohlstand, der den Handel befördert, fühlten sich auch in Halle Wissenschaft und Kunst angezogen. Die 1694 gegründete Universität Halle gilt als Zentrum der deutschen Frühaufklärung. Der US-amerikanische Maler Lyonel Feininger malte die Stadt Halle zu Beginn der 1930er Jahre in elf expressionistischen Ansichten. Der wohl bekannteste Maler der DDR, Willi Sitte – ein wichtiger Vertreter der Hallenser Kunstszene – lehrte hier ab 1959 viele Jahre an der Hochschule für Industrielle Formgestaltung. Als wohl bekanntester Sohn der Stadt aber gilt der Barock-Komponist Georg Friedrich Händel, der 1685 in Halle geboren wurde und an der Hof- und Domkirche zu Halle seine erste Organistenstelle erhielt. Das von ihm komponierte „Halleluja" gehört heute

Moritzburg

zu den meistaufgeführten Musikstücken. Doch bei allem Genuss für Auge und Ohr bleibt der für den Gaumen wohl der Wichtigste. Keine gute Suppe – das ist bekannt – ohne Salz. Aber auch Wurst, Käse und selbst Kekse kommen nicht ohne das einst als „weißes Gold" bezeichnete Würzmittel aus. Will man jemandem etwas verleiden, versalzt man ihm die Suppe. Und will man jemandem zeigen, dass er besonders willkommen ist, reicht man ihm auch heute noch Brot und Salz.

Bibliothek

Weinkeller

Die Eskimos der Weinerzeuger

Weingut Günter Born

Crème brûlée

Das Rezept zur Spezialität des Hauses finden Sie auf Seite 204

Wer sich auf den Weg nach Höhnstedt begibt, reibt sich verwundert die Augen: Entlang der schmalen, gewundenen Straße wird das Grün der Wiesen immer saftiger, die Vegetation immer üppiger. Der mediterrane Eindruck verstärkt sich auf dem Weingut der Familie Born noch einmal: ein großer Hof inmitten laubberankter Gebäude, hinter dem sich ein Weinberg den Hang hinaufzieht, unterbrochen durch kleine Terrassen, die zum Verweilen einladen.

Hier, am Süßen See, befindet sich das nördlichste Anbaugebiet der Weinregion Saale-Unstrut. „Wir sind die Eskimos der Weinerzeuger", sagt Günter Born. In vierter Generation ist er Besitzer eines Weinbergs, dessen Ernte jahrelang in die damals einzige Winzervereinigung des Landes floss. Das Ergebnis mundete Günter Born allerdings wenig. Also begann er Anfang der 1980er Jahre für den Eigenbedarf zu keltern, tastete sich Schritt für Schritt an das Thema Weinbau heran. Erst durch den Fall der Mauer konnte Günter Born sein Hobby zum Beruf machen.

„Klassisch, pur, edel, trocken, frisch mit einer filigranen Säure" – so schmecken die Weine heute, die auf den Wärme speichernden Buntsandstein-Böden gedeihen. Die Mansfelder Seen bieten zudem ein Mikroklima, das für Sonnenstunden wie in der Moselregion sorgt. So gedeihen Riesling, Kerner, Müller-Thurgau, Silvaner und Weißburgunder, den die Borns auch mit großem Erfolg im Barrique ausbauen. Auch Blauer Zweigelt, Spätburgunder und Portugieser finden sich in dem gut 1000 Jahre alten Weinbaugebiet, das mit zahlreichen Weinfesten aufwartet.

„Einen Weinberg zu bepflanzen ist ein Generationenvertrag", sagt Tochter Elisabeth. Gemeinsam mit ihrem Freund schickt sie sich an, den elterlichen Betrieb in die fünfte Generation zu führen. Das Handwerk hat sie von der Pieke auf gelernt und weiß: „Man muss die Traube schon an der Rebe streicheln, damit daraus etwas Besonderes wird."

Weingut Günter Born
Geschäftsführer: Günter Born
Wanslebener Straße 3
06198 Salzatal/Höhnstedt
☎ 03 46 01 / 2 29 30
www.weingut-born.de

Hausschlachterei Fritz Mauf

Mit Leidenschaft und Majoran

Deftiger Wurstsuppen-eintopf nach Köllmer Art

Das Rezept zur Spezialität des Hauses finden Sie auf Seite 204

Um eine gute Wurst zu machen, muss man ein gutes Händchen haben. Die richtigen Gewürze in der richtigen Menge zu erwischen, darauf kommt es an. Mit Wiegen und Messen allein ist es nicht getan. „Die Rezeptur muss man schmecken, um dann sagen zu können: Das ist es, das ist der richtige Punkt." Chris Mauf ist die vierte Generation, die im kleinen Örtchen Köllme nahe der Stadt Halle Wurst und Fleisch nach Hausmacher Art anbietet. Gemeinsam mit ihrem Mann Stephan Gottschalk setzt sie den Traum ihres Vaters fort, der nach der Wende die inzwischen über 120-jährige Familientradition wieder aufleben ließ. So alt ist auch das Wissen, das meist nur mündlich überliefert ist. Das Geheimnis steckt in der Frische. „Ob Schwein oder Rind – bei uns kommt alles aus der Region. Aus Übersee werden Sie bei uns nichts finden", sagt Fleischer Gottschalk. Die Gewürze, die Mauf reichlich verwendet, werden alle selbst gemahlen. Kümmel gehört in eine gute Wurst, Majoran natürlich, meist auch Knoblauch, Salz und Pfeffer sowieso. Daraus entsteht Bekanntes und Bewährtes wie Rotwurst, Leberwurst, Sülzwurst. Die Bestseller sind Bratwurst und Gehacktes, für die ihre Kunden mitunter einen 50 Kilometer weiten Weg auf sich nehmen, oder die als „Ostpaket" zu ihnen kommen. Daneben wird ständig Neues probiert, erst mit Freunden und Bekannten. Durchgesetzt hat sich unter anderem die italienische Salami mit Nuss, vor allem aber die Grilltaler, die mehrfach prämiert wurden. Die Taler – ob mit Bärlauch oder Chili – gehen in der Grillsaison dann auch schon

mal aus. Sonst aber gibt es bei Familie Mauf immer reichlich, auch jede Menge Leidenschaft für den Handwerksberuf und eine große Portion Herzlichkeit. Nur eines ist stets rar: Die gute, alte Wurstsuppe, die heute wie vor hundert Jahren bei der Herstellung von Wurst als Nebenprodukt entsteht. Nur mit viel Glück bekommt man dienstags oder donnerstags noch eine, denn „die Wurstsuppe bleibt bei uns Rückware", lacht Chris Mauf.

Hausschlachterei Fritz Mauf
Inhaberin: Chris Mauf
Am Steinbruch 4
06198 Salzatal/Köllme
☎ 03 46 09 / 2 03 22
www.fleischer-mauf.de

Hausschlachterei
Fritz Mauf

Moderner Barock für den Teller

Restaurant Immergrün

Wie viel Barock steckt in einer asiatischen Tom Kha Gai Suppe – geeist und seziert? Wie viel in einem Tomatensalat mit Zimt oder in Rind und Jacobsmuschel mit Brokkoli und Himbeere? „Viel, sehr viel", sagt Sebastian Mohr. Das Üppige, die Fülle dieser Stilrichtung des 18. Jahrhunderts liegt für den Küchenchef des Restaurants Immergrün in der großen Bandbreite des Geschmacks. Und in der Anziehungskraft der Gegensätze: Aus salzig und süß, warm und kalt weiß Mohr ein modernes Menü zu komponieren, so wie Georg-Friedrich Händel, dessen Geburtshaus gleich vis-à-vis steht, einst aus Noten eine Sinfonie schuf.
Auch bei der Einrichtung des Restaurants bildet das klare, frische Grün der Wände einen wunderbaren, gleichzeitig dezenten Kontrast zu hohen Stuckdecken und einer Möblierung aus dunklem Holz. Für Sebastian Mohr und seine Partnerin Simona Buchholz war das Objekt Liebe auf den ersten Blick, eine, um die sie kämpfen mussten. Gemeinsam mit ihren beiden Mitarbeitern Thomas Moll und Dave Walther machten sie das 2010 eröffnete Immergrün binnen kurzer Zeit zu einer etablierten Adresse.
„Unser Publikum ist sehr experimentierfreudig", sagt Simona Buchholz, die für einen perfekten Service ebenso sorgt wie für eine außergewöhnlich bestückte Weinkarte. Die edlen Tropfen findet sie im nahen Saale-Unstrut-Gebiet oder im Süden der Slowakei. Kredenzt werden sie zu den gern georderten Überraschungsmenüs. „Viele unserer Gäste vertrauen unseren Empfehlungen", sagt sie. Und so findet sich auf dem Teller vielleicht „Petersfisch schwarz-weiß" – eine Kreation aus Fisch, Mairüben-Pürree, deutschem Kaviar, Lakritzgelee, Colareduktion und einer Kruste aus Pumpernickel und Oliven. Ein bisschen dekadent? Mitnichten. Es ist eine Neuinterpretation des Barock à la Sebastian Mohr. Doch wie man den Stil auch immer nennen möchte, ihm ist vor allem eines wichtig: „Dass die Menschen Spaß am Essen haben."

Rinderfilet mit Wassermelone, Schneidbohne, Kakaobutter und Frischkäsegnocchi

Das Rezept zur Spezialität des Hauses finden Sie auf Seite 205

Restaurant Immergrün
Inhaber: Sebastian Mohr
Kleine Klausstraße 2
06108 Halle
☎ 03 45 / 5 21 60 56
www.restaurant-immergruen.de

BEST WESTERN Hotel
Stadt Merseburg

Ein gutes Bauchgefühl

Geiseltaler Forelle aus dem Ofen mit Salatbouquet und gebratenen Drillingen

Das Rezept zur Spezialität des Hauses finden Sie auf Seite 206

„Klare Aussagen" – so hat es Jan Elkner gern. Wie im Leben, so soll es auch auf dem Teller sein: nicht zu kompliziert und trotzdem anspruchsvoll. Die Auswahl der richtigen Zutaten ist für den Küchenchef des Best Western Hotel Stadt Merseburg der erste Schritt dazu. Stimmt die Qualität der Zutaten, stimmt das Niveau der Gerichte. So lässt sich auch Einfaches immer zu etwas Besonderem machen. Das beweisen Elkner und sein Team jeden Tag aufs Neue. Die Herausforderungen sind groß, schließlich soll eine höchst unterschiedliche Klientel auf ihre kulinarischen Kosten kommen. In die Domstadt zieht es zum einen viele Touristen, die nach Tagesausflügen in die nahen Städte Leipzig, Halle, Naumburg oder ins Gradierwerk Bad Dürrenberg bei einem guten Essen einen schönen Tag Revue passieren lassen wollen. Zum Urlaubsgefühl trägt auch die im Hotel angebotene mediterrane Küche oftmals bei. Anders die Geschäftsleute, die ebenso zahlreich im Hotel wohnen. „Sie essen abends gern ein Steak und wollen richtig satt werden", weiß Hoteldirektor Christian Syrotek. Beide Ansprüche werden auch auf der schönen großen Terrasse wunderbar vereint: Südländisch mutet die Atmosphäre durch den Holzboden und die vielen Pflanzen an. Und auf dem stattlichen Außengrill kann man sich ein Steak zubereiten lassen, einen saftigen Westernburger oder ein leckeres Clubsandwich, die auf der Karte einer amerikanischen Hotelkette schließlich nicht fehlen dürfen. Doch auch die Fans der asiatischen Küche finden hier etwas für den exotischen Geschmack. Regionales wird dabei ebenso eingebunden wie Saisonales. Alle vier Wochen wird die Karte um das ergänzt, was die Natur gerade zu bieten hat. Ganzjährig Saison haben die Weine, die unter anderem vom nahen Geiseltalsee kommen, oder Gerichte wie Hallorenmousse – gezaubert aus der wohl bekanntesten Praline des Ostens.

BEST WESTERN Hotel
Stadt Merseburg
Direktor: Christian Syrotek
Christianenstraße 25
06217 Merseburg
☎ 0 34 61 / 35 00
www.bestwestern-merseburg.de

Crème brûlée

Weingut Günter Born, S. 192

Zutaten für 8 Personen

400 ml Sahne | 200 ml Milch | 90 g Zucker | 4 Eigelb | 1 Vanilleschote | brauner Rohrzucker zum Bestreuen | Brenner zum Karamellisieren

Zubereitung

Die Vanilleschotte auskratzen, das Mark mit etwas Zucker in einem Mörser gut miteinander vermischen. Sahne, Milch, Vanillezucker und den restlichen Zucker solange miteinander verrühren, bis der Zucker aufgelöst ist. Die Eigelbe dazugeben und kurz mit dem Stabmixer durchmixen.

Die Mischung einige Stunden – oder über Nacht – stehen lassen. Die Eiersahne nochmals durchmischen, damit sich die Vanille gut verteilt. Dabei soll die Flüssigkeit aber nicht schäumen. Die Eiersahne in die Förmchen gießen und diese in die Saftpfanne des Backofens setzen.

In den auf circa 150 °C (Umluft) vorgeheizten Backofen schieben, in die Saftpfanne kochend heißes Wasser gießen, sodass die Förmchen gut zur Hälfte im Wasser stehen. Wenn die Crème Blasen wirft, Temperatur gegebenenfalls etwas herunterschalten. Nach circa 45 Minuten sollte die Crème brûlée so fest sein, dass sie in der Mitte nicht mehr flüssig ist.

Die Crème erkalten lassen und erst kurz vor dem Servieren dünn mit dem braunen Rohrzucker überstreuen und mit einem Brenner karamellisieren.

Dazu schmeckt besonders gut ein Riesling Eiswein vom Weingut Born aus dem Jahrgang 2010.

Deftiger Wurstsuppeneintopf nach Köllmer Art

Hausschlachterei Fritz Mauf, S. 194

Zutaten für 4 Personen

2,5 l Wurstsuppe aus dem Fleischerfachgeschäft | 5 mittelgroße Kartoffeln | 400 g TK-Rosenkohl | 300 g gewürztes Gehacktes | evtl. Knoblauch | Pfeffer | Salz | Majoran

Zubereitung

Kartoffeln waschen, schälen und in Würfel schneiden, Gehacktes, wenn gewünscht, mit frisch gepresstem Knoblauch vermengen und in 12 bis 14 Klößchen formen. Die Wurstsuppe einmal aufkochen lassen, dann die Kartoffelstücke und den Rosenkohl in die Suppe geben. Nach fünf Minuten auch die Fleischklößchen hinzufügen. Das Ganze bei mittlerer Hitze 15 Minuten köcheln lassen. Anschließend gut abschmecken und gegebenenfalls mit Pfeffer, Salz und ein wenig Majoran nachwürzen. Bei bereits kräftig gewürzter Wurstsuppe als Grundlage ist das allerdings nicht notwendig.

Rinderfilet mit Wassermelone, Schneidbohne, Kakaobutter und Frischkäsegnocchi

Restaurant Immergrün, S. 196

Zutaten für 4 Personen

720 g gut gereiftes, pariertes Rinderfilet | 1 Wassermelone | 200 g Schneidbohnen | 50 g Bauchspeck, gewürfelt | Salz | Pfeffer

Gnochi *85 g Frischkäse | 180 g Mehl | 15 g geriebener Parmesan | 1 Ei | Butter zum Anschwenken*

Sauce *200 ml Jus | 30 g Kakaobutter, ersatzweise weiße Kuvertüre*

Zubereitung

Für die Gnocchi alle Zutaten mit der Hand zu einem glatten Teig verarbeiten, auf einer bemehlten Oberfläche zu Nocken abdrehen und in kochendes Salzwasser geben, bis die Gnocchi von selbst an die Wasseroberfläche steigen. Dann in kaltem Wasser abschrecken, abgießen und beiseitestellen.
Die Wassermelone entkernen, dann zwölf gleichmäßige Würfel mit je 2,5 cm Seitenlänge aus dem Fruchtfleisch herausschneiden. Der Rest der Melone lässt sich zum Beispiel für eine Melonenkaltschale oder Ähnliches weiterverwenden. Das Rinderfilet in vier gleiche Teile schneiden, würzen und in einer Grillpfanne angrillen, danach die Wassermelonenwürfel ebenfalls von allen Seiten angrillen. Beides in eine feuerfeste Form geben, mit Alufolie abdecken und im Ofen bei 175 °C bis zur gewünschten Garstufe garen. Das Fleisch noch eine Weile unter Alufolie ruhen lassen. Die Schneidbohnen in schmale Streifen schneiden. Kurz mit Bauchspeck anschwenken, sodass die Bohnen möglichst bissfest bleiben. Mit Pfeffer abschmecken. Die Jus – selbst gemacht oder fertig aus dem Feinkostladen – mit Kakaobutter oder weißer Kuvertüre abschmecken. Die Gnocchi kurz vor dem Servieren in Butter schwenken, auf die Teller verteilen, das Rinderfilet dazugeben und mit der Jus garnieren.

Linumer Wiesenkalbsbrust Sous Vide im Vakuum gegart, dazu Fenchel-Pernod Gemüse

Mahn's Château, S. 198

Zutaten für 4 Personen

Kalbsbrust *1 Stück Linumer Wiesenkalbsbrust mit Knochen, ca. 2 kg | 800 g Gemüse, bestehend aus Zwiebeln, Sellerie, Tomate, ½ Knolle Knoblauch | 2 l Kalbsfond | 50 g geschälte Tomaten aus der Dose | 1 Bund Thymian | 1 Lorbeerblatt | Abrieb von ½ Zitrone | 1 TL zerstoßene Pfefferkörner | Öl zum Braten | 1 Kochbeutel*

Ofentomaten *1 kg Cocktailtomaten (Black Cherry oder Himmelsstürmer) | 1 Bund Basilikum | 1 Zweig Rosmarin | 1 Bund Thymian | Pfeffer aus der Mühle | 30 g Puderzucker | Olivenöl | Fleur de Sel*

Fenchelgemüse *2 Fenchelknollen | 50 ml Weißwein | 50 ml Pernod*

Zubereitung

Die Knochen der Kalbsbrust auslösen, dann die Kalbsbrust in einer Pfanne in Butterschmalz von beiden Seiten gut anbraten. Das Fleisch aus der Pfanne nehmen und zusammen mit den Gewürzen und Kräutern in einen Kochbeutel geben und unter Vakuum verschließen. Den Beutel bei 74 °C im Wasserbad oder in einem Dampfkochtopf circa 20 bis 24 Stunden langsam garen. Die Knochen und das Gemüse ebenfalls anbraten. Den Kalbsfond und die Tomaten zugeben und langsam einkochen, danach sorgfältig durch ein Sieb passieren. Der zurückgebliebene Schmorsaft wird langsam eingekocht, bis er eine sämige Konsistenz hat. Sobald die Brust weich gegart ist, aus dem Beutel herausnehmen und mit der heißen Schmorsauce mehrmals übergießen. In der Zwischenzeit die Cocktailtomaten mit Olivenöl, Rosmarin und Thymian in eine feuerfeste Form geben. Mit Puderzucker bestäuben und bei 180 °C für 40 Minuten backen. Danach mit Fleur de Sel würzen.Das Fenchelgrün von den Fenchelknollen abschneiden, fein hacken und beiseitestellen. Die Knolle vom Strunk befreien und in feine Streifen schneiden. Das Olivenöl in einer Pfanne leicht erhitzen, die Fenchelstreifen dazugeben und bei mittlerer Hitze langsam schmoren. Mit dem Weißwein und Pernod ablöschen und reduzieren lassen. Mit Salz und Pfeffer abschmecken, das Fenchelgrün und Basilikum darüberstreuen. Die glasierte Kalbsbrust in Scheiben schneiden. Das Gemüse auf 4 Tellern verteilen und die Brust darauflegen und die Ofentomaten darum drapieren. Als Begleitung zu diesem Gericht passen kleine Pellkartoffeln.

Kotelett vom Saalower Kräuterschwein mit Kartoffel-Gemüse-Sauté und Majoransauce

Ritters Weinstuben, S. 200

Zutaten für 4 Portionen

Fleisch *4 Koteletts á 200 g, vom Metzger gehackt | 250 g Kartoffeln | 50 g Karotten | 50 g Kohlrabi | 80 g Champignons | Petersilie und Schnittlauch, fein gehackt | 1 Thymianzweig | Öl zum Anbraten | 20 g Butter | Salz | Pfeffer | 2 Zwiebeln*

Sauce *1 kg Knochen (vom Metzger gehackt) | 250 g Wurzelgemüsewürfel grob | 1 EL Tomatenmark | 250 ml trockener Rotwein | 10 g Kartoffelstärke | frische Majoranblätter | 1 Lorbeerblatt | ganze Pfefferkörner | Pimentkörner | 1 Thymianzweig*

Zubereitung

Die Koteletts salzen und in heißem Öl von beiden Seiten anbraten, dann mit dem Thymianzweig und der Butter kurz nachbraten, dann bei 120 °C im Ofen circa 20 Minuten schmoren lassen. In der Zwischenzeit die Kartoffeln, Karotten, Kohlrabi und Zwiebel würfeln, die Champignons putzen und achteln. Die Karotten- und Kohlrabiwürfel kurz blanchieren. Dann zunächst die Kartoffelwürfel in einer Pfanne mit heißem Öl anbraten, Champignons, Karotten, Kohlrabi und 1 EL Zwiebelwürfel nach und nach unterschwenken. Mit Salz, Pfeffer, Butter, Petersilie und Schnittlauch abschmecken.

Die Sauce kann bereits einen Tag zuvor zubereitet werden. Dafür zunächst die gehackten Knochen scharf anbraten, dann das Wurzelgemüse, die restlichen Zwiebelwürfel und das Tomatenmark dazugeben, weiterrösten und mit Rotwein ablöschen und einreduzieren lassen. Das Reduzieren und Ablöschen zweimal wiederholen, bis am Topfboden eine schöne braune Farbe entsteht. Mit Wasser auffüllen, bis die Knochen bedeckt sind. Das Lorbeerblatt, 4 Pfefferkörner und 3 Pimentkörner sowie den Thymianzweig dazugeben. 1 Stunde kochen lassen, dann in einen zweiten Topf absieben und weiter um die Hälfte einkochen lassen. Mit Salz und Pfeffer abschmecken. Die Kartoffelstärke mit etwas Wasser einrühren und damit die Sauce auf die gewünschte Konsistenz abbinden. Frische Majoranblätter klein schneiden und die Sauce damit aromatisieren.

Geiseltaler Forelle aus dem Ofen mit Salatbouquet und gebratenen Drillingen

BEST WESTERN Hotel Stadt Merseburg, S. 202

Zutaten für 4 Personen

4 küchenfertige frische Forellen aus dem Geiseltalsee à 300 bis 350 g | Thymian | Rosmarin | 1 Karotte | 1 Knoblauchzehe | 3 Stangen Frühlingslauch | 1 Stange Staudensellerie | 4 EL Olivenöl | Abrieb von einer unbehandelten Zitrone | 2 rote Zwiebeln | 1 Chicorée | 1 Lollo rosso | 1 kleiner Eisbergsalat | 250 g Cherry-Tomaten | 1 Salatgurke | milder weißer Essig | gutes Rapsöl | 1 TL Senf | frische Gartenkräuter | 600 g Drillinge (kleine festkochende Kartoffeln) | 125 g Butter | 1 TL Salz | 1 TL Zucker | 1 Prise Pfeffer | 1 EL Kümmel

Zubereitung

Drilling mit Schale waschen und mit Kümmel kochen, Karotte, Lauch, Sellerie und die Zwiebeln waschen, schälen und fein schneiden, mit Olivenöl, Zitronenabrieb, Thymian, Rosmarin und Salz in einer Schüssel mischen. Damit die gesäuberten, gesalzenen Forellen füllen und auf ein Backblech mit Backpapier setzen. Dann das Blech mit Alufolie einpacken und im Backofen bei 200 °C circa 25 Minuten garen. Aus Essig, Öl, Senf, Salz, Zucker und Gartenkräutern eine Vinaigrette herstellen. Dann auf vier Tellern aus gezupften Salatblättern, Chicorée, Gurke und Cherry-Tomaten einen Salat arrangieren und mit der Vinaigrette marinieren.

Drillinge abgießen und in einer Pfanne mit geschmolzener Butter und Rosmarinzweig goldgelb braten, mit Salz und Pfeffer abschmecken. Die Forelle zum Salat auf den Teller anrichten und die Kartoffeln extra dazu reichen.

Wittenberg

Weinberg in Freyburg

Saale

Freyburg und der Wein

„Der Wein steigt ins Gehirn, macht es sinnig, schnell und erfinderisch, voll von feurigen und schönen Bildern", sagte einst William Shakespeare. Ob der englische Dichter dabei ein Glas besten Freyburger Weins in der Hand hielt, ist nicht überliefert. Wer in eine der ältesten Weinbauregionen Deutschlands reist, die die Geschichte mittlerweile wieder zur jüngsten gemacht hat, bekäme auch ohne Wein sehr schöne Bilder zu sehen. Dass Freyburg die „Toskana des Nordens" genannt wird, kommt schließlich nicht von ungefähr: Ein mildes Klima, markante Hügel, die die ansonsten sanfte Landschaft hin und wieder dominieren, vor allem aber die auf den Terrassen angelegten Weinberge sind es, die die Verbindung zur italienischen Lieblingsregion der Deutschen schaffen. Auch in der germanischen Variante sind die Weinberge eingerahmt von jahrhundertealten Trockenmauern und mit Weinberghäuschen versehen. Romantische Flusstäler, die sich zwischen den Bergen und alten Fachwerkbauten entlang schlängeln, laden zum Wandern, Radfahren oder zu Bootstouren ein.

Zudem lockt die seit 1993 offiziell als Weinstraße des Saale-Unstrut-Gebiets ernannte, etwa 60 Kilometer lange nördlichste Weinroute Europas, der Saale und dessen längstem Nebenfluss Unstrut zu folgen, in dessen Biegung Freyburg liegt. Die Unstrut entspringt im Norden Thüringens, um bei Naumburg schließlich in der Saale zu münden, die wiederum – selbst im Fichtelgebirge entsprungen – bei Barby mit der Elbe eins wird. Die Weinroute selbst – die 13. Deutschlands – beginnt in der kleinen, aber geschichtsträchtigen Stadt Nebra, auf deren Besonderheit bereits große Schilder an der Autobahn hinweisen: „Himmelsscheibe Nebra" steht da geschrieben. Diese wurde – gemeinsam mit einem Bronzeschatz – 1999 in zwei Raubgräbern entdeckt. Der auf 1600 vor Christus datierte Schatz gilt als die früheste Himmelsdarstellung der Menschheitsgeschichte. Heute rankt sich darum das multimediale Besucherzentrum „Arche Nebra", das auf unterhaltsame Weise über Archäologie und Astronomie Auskunft gibt. Die geheimnisvolle Bronzescheibe selbst ist im Landesmuseum für Vorgeschichte in Halle an der Saale zu sehen.

Marktplatz mit Rathaus

Der Weg führt weiter nach Naumburg, einer nicht minder geschichtsträchtigen Stadt. Der einstige Sitz des Bistums Naumburg ist vor allem bekannt für seinen imposanten Dom St. Peter und Paul, direkt im mittelalterlichen Stadtzentrum. Der spätromanisch-frühgotische Bau mit seinen Stifterfiguren – allen voran die geheimnisvolle Uta von Ballenstedt – ist seit vielen Jahren ein Publikumsmagnet.

Und natürlich führt die Route mitten durch Freyburg hindurch. Auch dieser Ort kann mit imposanten Bauwerken aufwarten, die Stadtkirche St. Marien etwa. Über dem Winzerstädtchen thront die mächtige Anlage der im Jahre 1090 gegründeten Neuenburg – eine Schwesternburg der Wartburg. Doch fast mehr noch locken die zahlreichen Weingüter, Hotels und Restaurants der „heimlichen Hauptstadt" des Saale-Unstrut-Gebietes, warten mit Spezialitäten auf – vor allem in flüssiger Form. Das Klima in der Region ist außergewöhnlich mild, was den Weinbau überhaupt erst möglich macht. Nicht erst seit Kaiser Otto III. dem Benediktinerkloster Memleben 998 unter anderem ausgedehnte Weinländereien schenkte, weiß man hier – trotz aller Widrigkeiten, die die Jahrhunderte so mit sich brachten – mit einer Rebe umzugehen. Muschelkalkverwitterungsboden, aber auch Buntsandstein, Lößlehm und Kupferschiefer tragen ihren Teil dazu bei, einen klaren, schnörkellosen und feinwürzigen Wein in die Flasche zu bringen.

Den mehr als 15 verschiedenen Sorten nehmen sich immer mehr „tolle, junge Winzer" an – wie selbst einheimische Gastronomen loben. Denn Riesling ist nicht gleich Riesling, Silvaner nicht gleich Silvaner und Dornfelder nicht gleich Dornfelder. Doch das sollte man unbedingt selbst probieren – etwa bei einer Tour durch die verschiedenen Weingüter. Oder beim größten Weinfest Mitteldeutschlands, das jedes Jahr am zweiten Septemberwochenende gefeiert wird. Und auch wenn der Weingenuss – anders als bei Shakespeare – das Gehirn nicht schnell und erfinderisch macht: Die schönen Bilder bleiben. Versprochen!

SEIT 1856
Rotkäppchen

Gerüttelt – nicht gerührt

Rotkäppchen Sektkellerei

Der Zauber wirkt. Sofort. Wer die eindrucksvolle Empfangshalle aus dem 19. Jahrhundert betritt, findet sich in einer anderen Welt wieder. Licht scheint durch Bleiglas und die Fenster des Turmes, der sich nur über eine Wendeltreppe mit schmiedeeisernem Geländer bezwingen lässt, fällt auf die antik anmutenden Säulen und Statuen. Über der Eingangstür prangt – ebenfalls als Bleiglas-Motiv verewigt – eine grüne Flasche. Willkommen in der Welt von Rotkäppchen!

Diese Welt ist groß, gemessen an den Räumlichkeiten wie auch an der Vielfalt, verbergen sich doch unter der roten Kappe verschiedene Wesen. Immer spritzig zwar, aber einmal rein aus Rieslingweinen deutscher Anbaugebiete hergestellt oder aus einer Cuvée französischer und italienischer, mitunter auch spanischer Weine in immer anderer Zusammensetzung – Extra Trocken, Trocken, Halbtrocken oder Mild. In Rosé oder auch mit rubinrotem Inhalt. Und auch in der Variante, die die Sinne betört, aber nicht benebelt: alkoholfrei. Nur einmal tauscht Rotkäppchen die rote gegen eine goldene Kappe ein. Darunter reift sortenreiner Weißburgunder aus dem Saale-Unstrut-Gebiet zu einem feinperligen Getränk mit dem Aroma von Ananas, Äpfeln und Birnen heran – direkt in der Flasche. Damit das edle Getränk später im Glas auch „lupenrein" ist, müssen die Hefereste im Hals gesammelt und später entfernt werden. Dazu werden die Flaschen in einem Rüttelpult von einer waagerechten in eine senkrechte Position gebracht – Achteldrehung für Achteldrehung. Zwar lässt sich das Rütteln heute bereits maschinell verrichten. Doch wie bei den besten Champagnern der Welt legen die Kellermeister auch bei „Goldkäppchen" selbst Hand an.

Dies hat eine lange und eindrucksvolle Tradition im Hause Rotkäppchen. Denn die markante rote Kappe als Markenzeichen ist mitnichten ostdeutscher Geschichte geschuldet, sondern reicht zurück bis fast zu den Anfängen im Jahr 1856, als die Brüder Moritz und Julius Kloss gemeinsam mit ihrem Freund Carl Foerster in Freyburg eine Weinhandlung eröffneten. Bald darauf produzierten

Beschwipste Früchte

Das Rezept zur Spezialität des Hauses finden Sie auf Seite 226

GIESEN
coffee-roasters

Die Mischung macht's

Kaffeerösterei Moness

Mit Kaffee geschmorte Spanferkelbäckchen an gebratenen Pfifferlingen auf Petersilien-Graupen-risotto

Das Rezept zur Spezialität des Hauses finden Sie auf Seite 227

Die einen lassen sich im Urlaub weißen Sand durch die Finger rinnen, die anderen schwarzes Pulver. Enrico Pierard gehört zu den anderen. Kaffee war schon immer seine Leidenschaft. Wenn es im Urlaubsland eine Kaffeeplantage gab – Enrico Pierard musste hin. Und die Familie mit. Sie schenkte ihm schließlich eine Ausbildung, „wahrscheinlich in der Hoffnung, dass das Thema Kaffee dann vom Tisch ist", erzählt er lachend. Aber damit fing es erst richtig an. Heute betreibt Enrico Pierard gemeinsam mit Frau und Tochter ein Kaffeehaus, eine Kaffeerösterei und ein Hotel. Muss man erwähnen, dass die sechs Zimmer geschmackvoll in den Farbtönen Espresso, Cappuccino und Latte macchiato eingerichtet sind? Die Kaffeespezialitäten selbst gibt es im großen Rund des Cafés, eingerichtet im modernen Kolonialstil, dazu eine üppige Auswahl an Kuchen. Die schmecken vor dem Kamin genauso wie auf der großen Terrasse, von der aus man einen Blick auf die Freyburger Weinberge hat. Auch die regionalen Weine findet man im Café Moness, das auch Restaurant ist – als Ergänzung zu den Gerichten, die der junge Koch kreiert. „Gebratenes Kaiserbrassenfilet an einem Rieslingschaum auf Chorizo-Erbsenrisotto" etwa oder ein „Entrecôte vom Rind mit Portweinjus auf gebratenen Pfifferlingen". Die Saucen werden schon mal mit Kaffeebohnen abgerundet, die in der Rösterei meist zu einer milden Mischung kombiniert werden. Bei besonderen Events können die Gäste auch ihre eigene Röstung herstellen – aber nicht ohne Schürze: Deshalb heißt sie bei Pierard auch „Schürzenröstung". In dem gläsernen Raum lässt sich nicht nur angenehm arbeiten, sondern ebenso angenehm tafeln, an weiß gedeckten Tischen und mit Kerzen, deren Schein sich in den kupferfarbenen, glänzenden Röstmaschinen spiegeln. Und beim Hinausgehen kann man schnell in eines der Gefäße greifen und es selbst testen – das schöne Gefühl, wenn Kaffeebohnen durch die Finger rieseln ...

Kaffeerösterei Moness
Inhaber: Enrico Pierard
Lauchaer Straße 33
06632 Balgstädt/Freyburg
☎ 03 44 64 / 3 58 45
www.moness.de

Hotel Unstruttal

Ein Kraut für jeden Geschmack

Lauwarm geräucherte Hähnchenbrust mit Mousse und Pesto vom Giersch

Das Rezept zur Spezialität des Hauses finden Sie auf Seite 228

Wer Jan Kannetzky des Morgens mit einem Körbchen durch die Gegend streifen sieht, sollte ruhig näher treten und einen Blick riskieren. Denn wenn Giersch, wilder Thymian oder Bärlauch im Hotel Unstruttal später auf den Teller kommen, kann man kaum glauben, dass es die Kräuter aus dem Körbchen sind, die im Mund eine derartige Geschmacksexplosion verursachen. Hotel- und Küchenchef Jan Kannetzky weiß, wie es geht. Den Doldenblütler, den er am Feldrain findet, verarbeitet er etwa zu einer feinen Gierschmousse, die zu geräucherter Hähnchenbrust serviert wird. Auch als würzig-pikantes Pesto veredelt das herbe Kraut die Gerichte. „In und um Freyburg gibt es viele Naturschutzgebiete und naturbelassene Räume, Streuobstwiesen mit alten Obstsorten und Trockenrasen mit Hecken", schwärmt der Koch. Auch im eigenen Kräutergarten mit Thymian, Rosmarin und Lavendel findet er die Zutaten für seine außergewöhnlichen Kreationen. Für diese verlieh ihm der Gault Millau zwölf Punkte. „Wir kochen aber nicht für einen Restaurantführer, sondern für unsere Gäste", sagt er schlicht. Diese empfangen und bewirten Kannetzky, seine Frau Ria und das Team direkt am Marktplatz in historischen Gemäuern. Der Gewölbecharakter des 1653 erbauten Hauses ist noch immer erhalten. Trotzdem ist alles licht und hell in der ehemaligen Poststation, die früher „Ausspanne" hieß. Das passt noch immer gut, findet das Ehepaar. Denn genau das sollen die Gäste hier ja auch: ausspannen. Dafür stehen zudem 16 Zimmer und ein romantischer, üppig bewachsener Innenhof zur Verfügung. „Unser Part ist es, gut zu kochen und den besten Wein der Region auszuschenken", so Kannetzky. Das ist jedoch nicht ganz einfach. „Es gibt immer mehr junge Winzer, die tolle Weine machen." Doch zur Weißweinsauce mit Blütenkapern oder gebackenem Weinbergpfirsich mit Thymian wird sich auf jeden Fall das passende Tröpfchen finden.

Hotel Unstruttal
Inhaber: Jan Kannetzky
Markt 11
06632 Freyburg
☎ 03 44 63 / 70 70
www.hotel-unstruttal.de

TALISKER
Talisker
12
ESTD 1759
GUINNESS
LAGAVULIN
SCOTLAND - SKYE 2009

Wild und mild

Green Island Pub

Gegrillte Pfeffersteaks mit Feta-Käse und Bratkartoffeln

Das Rezept zur Spezialität des Hauses finden Sie auf Seite 229

Wer zu Andreas Weitze kommt, tritt eine Reise an – jedes Mal aufs Neue. Die Reise führt den Besucher in die verschiedenen Regionen Irlands und Schottlands: optisch, akustisch und kulinarisch. Im Green Island Pub fühlt man sich schnell auf den grünen Inseln. Dafür sorgen die schönen dunklen Möbel, die Weitze zu einem großen Teil selbst restaurierte, die Bands, die der Folkfan in seinem Gasthaus aufspielen lässt, und natürlich die Küche. Als „rustikal und frisch", beschreibt er sie selbst. Schweinesteak mit Schafskäse überbacken gehört dazu, Bratkartoffeln, Irischer Brottopf, Rote-Bohnen-Suppe und Salate. „Unsere Küche brummt", sagt er.

Doch wer ins Pub kommt, das im Laufe der Jahre Raum um Raum gewachsen ist, will Irland und Schottland meist auch in flüssiger Form erkosten. Mit knapp 300 Whiskey oder Whisky, wie sie in der jeweiligen Landessprache heißen, kann Weitze aufwarten: „von mild bis ganz böse", sagt er lachend. Ob Ardbeg, Glenmorangie, Laphroaig, ob „blended" oder „Single Malt" – nichts, was es hier nicht gibt. Mit der Fülle des Angebots werden die Gäste aber nicht allein gelassen. Mehrmals im Monat gibt es Whisky-Testings, bei denen Andreas Weitze, der selbst in einer schottischen Destillerie ein Praktikum absolvierte, die Teilnehmer in die hohe Schule des Destillats ein- und entführt. Damit das Vergnügen nicht zur trockenen Lehrstunde verkommt, gibt es dazu Folkmusik und Bilder, die er von seinen schwer gefragten Gruppenreisen von den grünen Inseln mitbringt.

Während der Whisky so rauchig wie nur möglich sein darf, beschränkt sich das im Gasthaus auf den Barraum. Schließlich sollen sich alle seine Gäste wohlfühlen – ob vier oder 84 Jahre alt. „Wir sind schon ein Irish-Pub", sagt er, „aber mehr noch ein Multi-Kulti-Gasthaus." Und das liegt vor allem an der entspannten Herzlichkeit, mit der das ganze Team jeden empfängt. Alles kann. Nichts muss.

Green Island Pub
Inhaber: Andreas Weitze
Weberstraße 25
06712 Zeitz
☎ 0 34 41 / 21 26 71
www.green-island-zeitz.de

Weingut Triebe

Von der Milch- zur Weinflasche

Würchwitzer Winzerquiche

Das Rezept zur Spezialität des Hauses finden Sie auf Seite 229

„Der Ortega hat den Charakter des Müller-Thurgau, ist aber noch eleganter, runder, vollmundiger – mit einem langen Finale." Wenn Grit Triebe über ihre Weine redet, klingt es, als hätte sie sich nie etwas anderem gewidmet. In den Traubensaft, das merkt man, fließt reichlich Herzblut. Wie viel Arbeit darin steckt, lässt sich erahnen, wenn man in den großen, stattlichen Hof des Weinguts Triebe einfährt. Seit dem 17. Jahrhundert war das Gehöft lange Zeit in Familienbesitz und konnte nach dem Mauerfall auch wieder von der Familie selbst bewirtschaftet werden. Grit und Hubertus Triebe stiegen in die klassische Landwirtschaft ein, allen voran in die Milchproduktion. Bis ein kleiner Artikel das Leben der Familie veränderte. „Noch Rebrechte frei", stand darin.

Im Jahre 1999 begannen die Triebes damit, das neue Themenfeld zu beackern, heute sind sie ganz offiziell Weinbauern. Die Tropfen vom „Osttor des Weinbaugebietes Saale-Unstrut" sind längst über den Status des Geheimtipps hinausgewachsen. Triebe setzt vor allem auf den süffig-eleganten Müller-Thurgau, gefolgt vom aromatischen Bacchus und dem Kerner mit seinen Riesling-Eigenschaften. Den Ortega gibt es nur in kleinen Mengen.

Die Weine aus der Nähe von Zeitz finden ihre Fans bei Privatleuten ebenso wie in der Gastronomie. „In Fischrestaurants gilt vor allem unser Ortega als guter Begleiter – zu Königskorallenfilet mit Wildreis etwa", so die Erfahrung der Weinbäuerin. Sie selbst serviert zur Verkostung ihrer flüssigen Schätze gerne auch eine lokale Spezialität: „den Kribbelkrabbelkäse", wie sie den exklusiv im Ort hergestellten Milbenkäse nennt, dem eine gesundheitsfördernde Wirkung zugesprochen wird. Bei großen Wein- und Kellerfesten hingegen, die auf dem Vierseitenhof gern gefeiert werden, wird auch Gebratenes gereicht, zum „Advent im Weingut" mit Glühwein, Plätzchen und Stollen. Und zu all dem gibt es immer reichlich Musik, Wein und Herzlichkeit.

Weingut Triebe
Inhaberin: Grit Triebe
Mittelweg 18
06712 Zeitz / Würchwitz
☎ 0 32 44 26 / 2 14 20
www.weingut-triebe.de

TRIEBE
WEINGUT
HUBERT
TRIE
Deutscher S
Cuveè St. M
halbtrocke
L.-Nr.2011/04
12,5 % vol. klas
versektet für W
Würchwitz
D-06712 Zeit
D-06618 ent
TRIEB
Cuve St. M

Beschwipste Früchte

Rotkäppchen Sektkellerei, S. 212

Zutaten für zehn Gläser

200 g Erdbeeren | 400 g Beerenfrüchte, wie Himbeeren, Erdbeeren, Blaubeeren oder Ähnliches | 2 EL heller Kandis | 1 Flasche Rotkäppchen Riesling Trocken | 1 Flasche Rotkäppchen Sekt Rosé Trocken

Zubereitung

Die Erdbeeren waschen, putzen, zu Herzen ausschneiden und auf kleine Spieße stecken. Den Kandiszucker mahlen, die Beerenfrüchte vorbereiten, mit dem Kandiszucker vermischen und in ein Bowlegefäß geben. Wein und Sekt angießen, die Bowle gut gekühlt in Gläser ausschenken und diese mit einem Erdbeer-Herzspieß servieren.

Wenn die Beerenfrüchte nicht mehr frisch erhältlich sind, können auch tiefgekühlte Früchte verwendet werden.

Schweinerückenröllchen gefüllt mit Kalbsfarce und Lauchgemüse im Nudel-Zucchininest

Berghotel zum Edelacker, S. 216

Zutaten für 4 Personen

250 g Kalbfleisch, aus der Keule | Salz | 10 g Butter | 1 Eiweiß | 3 EL roter Portwein | 3 EL Schlagsahne | 1 Msp. Cayennepfeffer | Julienne von einer mittelgroßen Karotte und einer Porreestange | 4 Steaks vom parierten Schweinerücken à 140 g (Schmetterlingsschnitt) | Butterschmalz zum Braten | 1 Schalotte | 50 g Bacon | 50 ml Weißwein | 50 ml Sahne für die Sauce | 500 g frische Tagliarini | 2 mittelgroße Zucchini | Olivenöl | eventuell Chiliöl | Knoblauch nach Geschmack | 1 Rosmarinzweig | 1 Thymianzweig | bunter Pfeffer aus der Mühle | etwas Petersilie, klein gehackt | Moulinette | Julienneschäler

Zubereitung

Vor Beginn Einsatz und Messer der Moulinette ins Gefrierfach legen, denn für die Farce müssen Geräte und Zutaten kalt sein, da sonst das Eiweiß gerinnt. Fett und Sehnen vom Kalbfleisch entfernen, klein schneiden und durch die feine Scheibe des Fleischwolfs drehen, dann abgedeckt kaltstellen. Das Kalbshack in zwei Portionen in der Moulinette mit jeweils der Hälfte Eiweiß, kaltem Portwein und kalter Sahne zu einer feinen Masse mixen, mit Salz und Cayennepfeffer abschmecken. 20 Minuten kaltstellen, danach durch ein feines Sieb streichen. Petersilie mit der Farce gut vermischen und kaltstellen. Die Fleischscheiben vorsichtig mit Folie plattieren, würzen und mit der Farce bestreichen. Gemüsejulienne darauf verteilen und fest aufrollen, mit Zahnstochern fixieren. In Butterschmalz kurz, aber scharf anbraten, in Alufolie wickeln und in der Backröhre fertig garen, ruhen lassen. Schalotte und Bacon in Würfel schneiden, mit dem Bratenfond, Wein und Sahne zur Sauce angießen. Die Tagliarini in Salzwasser garen. In dieser Zeit mit Julienneschäler von der Zucchini längs Streifen schneiden, die Pfanne erhitzen, Oliven- oder Chiliöl, Knoblauch und Kräuter, Nudeln und die Zucchinispaghetti zugeben, ein paar Mal schwenken, mit Pfeffer und Salz abschmecken und als Nest auf den Teller geben. Schweineröllchen aus dem Rohr nehmen auswickeln und schräg aufschneiden. Zusammen mit der Rahmsauce auf den Nudeln anrichten und servieren.

Mit Kaffee geschmorte Spanferkelbäckchen an gebratenen Pfifferlingen auf Petersilien-Graupenrisotto

Kaffeerösterei Moness, S. 218

Zutaten für 4 Personen

Fleisch *600 g Spanferkelbäckchen | 200 g Karotten | 200 g Sellerie | 100 g Lauch | 50 g Zwiebeln | ½ TL Tomatenmark | 1 kleine Gartenzwiebel | Knoblauch | 2 Lorbeerblätter | 1 Zweig Rosmarin | 3 Zweige Thymian | 200 ml Portwein | 200 ml Kaffee | 2 EL Pflanzenöl | 1 Msp. Chili | 3 Pimentkörner | Salz | Pfeffer*

Gemüsebeilage *600 g Pfifferlinge | 20 Kirschtomaten | 3 EL Butter | Salz | Pfeffer | 1 EL Pflanzenöl*

Petersilien-Perlgraupenrisotto *1 kleine Zwiebel | 250 g mittelgroße Perlgraupen | 1 EL Pflanzenöl | 500 ml Gemüsebrühe | 50 g Parmesan | 50 g Butter | 100 g Petersilie | 100 ml Weißwein*

Zubereitung

Für die geschmorten Spanferkelbäckchen die Zwiebeln fein würfeln. Karotten und Lauch putzen, schälen und fein würfeln, die Sellerie entfädeln und ebenfalls fein würfeln, den Knoblauch schälen und leicht andrücken. Nun das Pflanzenöl in einem Topf mit schwerem Boden erhitzen, die Spanferkelbäckchen darin bei nicht zu starker Hitze zwei Minuten rundherum braten, mit Salz und wenig Pfeffer würzen und herausnehmen. Zwiebeln und Knoblauch bei nicht so starker Hitze im selben Topf drei bis vier Minuten goldgelb dünsten, Möhren, Sellerie und Lauch zugeben und weitere drei Minuten mitdünsten. Das Tomatenmark hinzugeben und kurz anrösten, dann mit Portwein und Kaffee ablöschen und stark einreduzieren. Jetzt Lorbeerblätter, Pimentkörner, Chili, Rosmarin und Thymian hinzugeben und zum Schluss die Spanferkelbäckchen ins Gemüsebett legen. Den Ofen auf 160 °C (Umluft) vorheizen und das Ganze mit Deckel in die Röhre schieben, circa 1 ¼ bis 1 ½ Stunden schmoren lassen. Die Fleischstücke während der Schmorzeit ab und zu wenden. Nach der Garzeit das Fleisch mit einer Fleischgabel oder -zange aus dem Bratfond nehmen, in Alufolie wickeln und im ausgeschalteten Ofen warmhalten. Fond durch ein feines Sieb in einen zweiten Topf passieren, dabei stark durchdrücken und auf 200 ml einkochen. Danach nochmals abschmecken.

Für das Petersilien-Graupenrisotto die Zwiebeln schälen und fein hacken. Das Öl in einem Topf erhitzen, die Zwiebel darin glasig schwitzen. Den Reis zuschütten und unter Rühren glasig werden lassen. Dann den Reis mit Weißwein ablöschen, die Flüssigkeit einkochen lassen. Zunächst etwa die Hälfte der Gemüsebrühe zugießen und den Reis unter Rühren weitergaren, dabei nach und nach weitere Gemüsebrühe zugießen, sodass der Reis immer gerade mit Flüssigkeit bedeckt ist. Sobald der Reis nach 15 bis 20 Minuten gar ist, Butter und Parmesan unterrühren, salzen und pfeffern. Die Petersilie fein hacken und kurz vor dem Servieren unter das Risotto geben.

Pfifferlinge putzen, von Schadstellen befreien und in Form bringen. Nun die Kirschtomaten waschen und putzen, das Öl in einer Pfanne erhitzen, Pfifferlinge und Kirschtomaten anbraten, kurz vor Garende die Butter hinzugeben, schließlich mit Salz und Pfeffer würzen.

Spanferkelbäckchen, Gemüse und Perlgraupenrisotto auf 4 Teller geben und servieren.

Saale

Adressverzeichnis

A

Augustusgabe Barby 100
Brauhausstraße 24
39249 Barby
☎ 03 92 98 / 6 85 10
Fax 03 92 98 / 6 85 20
Kunsthof-Barby@t-online.de
www.augustusgabe-barby.com

Alt-Magdeburg „GRÜZi" GmbH 56
Breiter Weg 8a
39104 Magdeburg
☎ 03 91 / 5 82 31 54
info@cafealtmagdeburg.de
www.cafealtmagdeburg.de

Ambiencehotel „Zur Wolfsschlucht" 28
Klädener Dorfstraße 10
39619 Arendsee OT Kläden
☎ 03 93 84 / 98 20
Fax 03 93 84 / 9 82 50
info@hotel-wolfsschlucht.de
www.hotel-wolfsschlucht.de

Anhaltinische Schlemmer-Manufactur 80
Dretzeler Straße 9
39307 Genthin OT Gladau
☎ 03 93 42 / 93 99 01
Fax 03 93 42 / 93 99 02
anhaltinische@web.de
www.schlemmern-sa.de

B

Berghotel zum Edelacker 216
Schloss 25
06632 Freyburg
☎ 03 44 64 / 35-0
Fax 03 44 64 / 35-3 33
edelacker@weinberghotels.de
www.edelacker.de

Berghotel Ilsenburg 126
Suental 5
38871 Ilsenburg
☎ 03 94 52 / 9 00
Fax 03 94 52 / 90 19 9
info@berghotel-ilsenburg.de
www.berghotel-ilsenburg.de

Berner & Brown Die Tapasbar am Schauspielhaus 68
Otto von Guericke Straße 61
39104 Magdeburg
☎ 03 91 / 5 47 62 96
info@tapasbar-magdeburg.de
www.bernerundbrown.de

BEST WESTERN Hotel Stadt Merseburg 202
Christianenstraße 25
06217 Merseburg
☎ 0 34 61 / 35 00
Fax 0 34 61 / 35 01 00
reservierung@bestwestern-merseburg.de
www.bestwestern-merseburg.de

Bittersuess Café & Bar 90
Schloßstraße 22
06886 Wittenberg
☎ 0 34 91 / 8 76 40 30
info@meinbittersuess.de
www.meinbittersuess.de

Brauhaus Goslar 140
Marktkirchhof 2
38640 Goslar
☎ 0 53 21 / 68 58 04
Fax 0 53 21 / 68 58 05
info@brauhaus-goslar.de
www.brauhaus-goslar.de

Burger Knäcke GmbH + Co. KG 78
Niegripper Chaussee 7
39288 Burg
☎ 0 39 21 / 92 30
Fax 0 39 21 / 92 31 60
service@burgerknaecke.de
www.burgerknaecke.de

C

Café Amsterdam 44
Olvenstedter Staße 9
39108 Magdeburg
☎ 03 91 / 4 00 54 00
info@dasamsterdam.de
www.dasamsterdam.de

Café Kaiser 114
Finkenherd 8
06484 Quedlinburg
☎ 0 39 46 / 51 55 52
info@cafe-restaurant-kaiser.de
www.cafe-restaurant-kaiser.de

Café Roland 112
Breite Straße 2
06484 Quedlinburg
☎ 0 39 46 / 51 55 52
Fax 0 39 46 / 68 92 70
zum-roland@t-online.de
www.cafe-roland.de

Café Muhs 166
Richard-Böhm-Straße 11
38707 Schulenberg
☎ 0 53 29 / 8 05
Fax 0 53 29 / 8 73
info@cafe-muhs.de
www.cafe-muhs.de

Café Münzenberg 116
Münzenberg 1
06484 Quedlinburg
☎ 0 39 46 / 90 71 34
cafe.muenzenberg@yahoo.de

Classik Hotel Magdeburg 70
Leipziger Chaussee 141
39120 Magdeburg
☎ 03 91 / 6 29 00
Fax 03 91 / 6 29 05 19
info@classik-hotel.de
www.classik-hotel.de

country-suites Landhaus Dobrick 160
Im Wiesengrund 28
Am Schultal 3
38700 Braunlage
☎ 0 55 20 / 24 05
Fax 0 55 20 / 92 37 19
info@country-suites.de
www.country-suites.de

CULTurBAR BARRIK 94
Collegienstraße 81
06886 Wittenberg
☎ 0 34 91 / 40 32 60
info@barrik.eu
www.barrik.eu

E

Eisvilla 118
Hubertusstraße 7a
06502 Thale
☏ 0 39 46 / 45 32
zum-roland@t-online.de

Elbezentrum und Heuherberge 22
Bucher Querstraße 22
39590 Tangermünde OT Buch
☏ 03 93 62 / 8 16 73
Fax 03 93 62 / 8 16 74
rezeption@elbetourist.de
www.elbetourist.de

Erste Salzwedeler Baumkuchenfabrik 18
St. Georg-Straße 87
29410 Salzwedel
☏ 0 39 01 / 3 23 06
Fax 0 39 01 / 2 54 62
info@baumkuchen-salzwedel.de
www.baumkuchen-salzwedel.de

F

Fleischerei Eine 164
Adolph-Römer-Straße 11
38678 Clausthal-Zellerfeld
☏ 0 53 23 / 22 57
Fax 0 53 23 / 39 06
eine@harz.de
www.eine.harz.de

Forellenhof Thießen 98
Mönchholz 3
06862 Thießen bei Roßlau
☏ 03 49 07 / 2 04 55
Fax 03 49 07 / 2 06 82
info@forellenhof-thiessen.de
www.forellenhof-thiessen.de

G

Gastwirtschaft im Küchengebäude 96
Am Wörlitzer Schloss
06786 Wörlitz
☏ 03 49 05 / 2 23 38
Fax 03 49 05 / 2 23 31
bruhnke-woerlitz@t-online.de
www.bruhnke-woerlitz.de

Green Island Pub 222
Weberstraße 25
06712 Zeitz
☏ 0 34 41 / 21 26 71
Fax 0 34 41 / 21 26 71
info@green-island-zeitz.de
www.green-island-zeitz.de

Grüne Tanne 122
Mandelholz 1
38875 Elend
☏ 03 94 54 / 4 60
Fax 03 94 54 / 4 61 55
hotel@mandelholz.eu
www.mandelholz.eu

GRÜZi Das Bistro in der GRÜNEN ZITADELLE 58
Breiter Weg 8a
39104 Magdeburg
☏ 03 91 / 5 82 88 15
info@gruezi-bistro.de
www.gruezi-bistro.de

H

Hammerschmiede Spirituosenmanufaktur 162
Elsbach 11a
37449 Zorge
☏ 0 55 86 / 82 82
Fax 0 55 86 / 17 80
info@hammerschmiede.de
www.hammerschmiede.de

Hausschlachterei Fritz Mauf 194
Am Steinbruch 4
06198 Salzatal/Köllme
☏ 03 46 09 / 2 03 22
info@fleischer-mauf.de
www.fleischer-mauf.de

Hofwirtschaft im Cranach-Hof 92
Schloßstraße 1
06886 Wittenberg
☏ 0 34 91 / 45 96 82
info@hofwirtschaft.de
www.hofwirtschaft.de

Hotel am Kurpark 102
Magdeburger Straße 1
39218 Schönebeck/Bad Salzelmen
☏ 0 39 28 / 70 80-0
Fax 0 39 28 / 70 80-99
hotelamkurpark@bonvoyage.de
www.hotelamkurpark.de

Hotel & Restaurant Behrens GbR 74
Bahnhofstraße 28–30
39340 Haldensleben
☏ 0 39 04 / 34 21
Fax 0 39 04 / 27 34
info@hotel-behrens.de
www.hotel-behrens.de

Hotel Braunschweiger Hof 136
Herzog-Wilhelm Straße 54
38667 Bad Harzburg
☏ 0 53 22 / 78 80
Fax 0 53 22 / 78 84 99
info@hotel-braunschweiger-hof.de
www.hotel-braunschweiger-hof.de

Hotel Geheimer Rat 40
Goethestraße 38
39108 Magdeburg
☏ 03 91 / 7 38 03
Fax 03 91 / 7 38 05 99
info@geheimer-rat.bestwestern.de
www.geheimer-rat.bestwestern.de

Hotel Njord 146
Parkstraße 2
38644 Goslar-Hahnenklee
☏ 0 53 25 / 52 89 37-0
Fax 0 53 25 / 52 89 37-99
info@hotelnjord.com
www.hotelnjord.com

Hotel Tannenhof 138
Nordhäuserstraße 6
38667 Bad Harzburg
☏ 0 53 22 / 9 68 80
Fax 0 53 22 /96 88 99
info@solehotels.de
www.solehotels.de

Hotel Unstruttal 220
Markt 11
06632 Freyburg
☏ 03 44 63 / 70 70
Fax 03 44 63 / 7 07 41
post@unstruttal.info
www.hotel-unstruttal.de

Hotel & Restaurant „Waldschänke" 76
An der Waldschänke 1a
39291 Hohenwarthe
☏ 03 92 22 / 9 59 90
Fax 03 92 22 / 95 99 45
waldschaenke-hohenwarthe@t-online.de
www.waldschaenke-hohenwarthe-magdeburg.de

Hotel zum Kronprinzen 184
Fuhrbacher Straße 31–33
37115 Fuhrbach
☎ 05 52 7 / 9 10-0
📠 05 52 7 / 9 10-2 50
zumkronprinzen@die2hotels.de
www.hotelzumkronprinzen.com

Hotel zum Löwen 182
Marktstraße 30
37115 Duderstadt
☎ 0 55 27 / 8 49 00-0
📠 0 55 27 / 8 49 00-8 49
zumloewen@die2hotels.de
www.hotelzumloewen.de

K

Kaffeerösterei Moness 218
Lauchaer Straße 33
06632 Balgstädt/Freyburg
☎ 03 44 64 / 3 58 45
📠 03 44 64 / 3 58 47
info@moness.de
www.moness.de

L

Landhaus „Zu den Rothen Forellen" 124
Marktplatz 2
38871 Ilsenburg
☎ 03 94 52 / 93 93
📠 03 94 52 / 93 99
info@rotheforelle.de
www.rotheforelle.de

Le Frog – Brasserie am See 50
Heinrich-Heine-Platz 1
39114 Magdeburg
☎ 03 91 / 5 31 35 56
📠 03 91 / 5 31 35 57
info@lefrog-md.de
www.lefrog-md.de

L~BE 66
Schleinufer 50
39104 Magdeburg
☎ 03 91 / 5 44 66 55
📠 03 91 / 5 97 55 30
info@l-be-md.de
www.l-be-md.de

M

Mahn's Château 198
Oleariusstraße 4a
06108 Halle
☎ 03 45 / 3 88 04 20
📠 03 45 / 2 90 11 21
info@chateau-halle.de
www.chateau-halle.de

Magdeburger Gastro Conzept GmbH 52
Heinrich-Heine-Platz 1
39114 Magdeburg
☎ 03 91 / 5 44 58 80
📠 03 91 / 54 45 88 10
info@mgc24.de
www.mgc24.de

N

Naturresort Schindelbruch 176
Schindelbruch 1
06536 Stolberg/Südharz
☎ 0 34 6 54 / 8 08-0
📠 0 34 6 54 / 8 08-4 58
info@schindelbruch.de
www.schindelbruch.de

Niedersächsischer Hof GmbH 142
Klubgartenstraße 1–2
38640 Goslar
☎ 0 53 21 / 31 60
📠 0 53 21 / 3 16-4 44
info@niedersaechsischerhof-goslar.de
www.niedersaechsischerhof-goslar.de

O

Obsthof Hornemann 72
Am Schachtteich 1
39171 Sülzetal/Altenweddingen
☎ 03 92 05 / 2 01 14
info@obsthof-hornemann.de
www.obsthof-hornemann.de

P

Puppe's 158
Am Brunnen 2
38700 Braunlage
☎ 0 55 20 / 4 87
📠 0 55 20 / 37 88
puppe-braunlage@t-online.den
www.puppe-braunlage.de

R

Red Snapper 36
Maxim-Gorki-Straße 18
39108 Magdeburg
☎ 03 91 / 7 37 48 84
info@redsnapper-magdeburg.de
www.redsnapper-magdeburg.de

Restaurant „Die Kirche" 46
Alt Prester 86
39114 Magdeburg
☎ 03 91 / 5 35 33 52
📠 03 91 / 5 35 33 68
info@kirche-prester.de
www.kirche-prester.de

Restaurant Glück Auf 164
An der Marktkirche 7
38678 Clausthal-Zellerfeld
☎ 0 53 23 / 16 16
📠 0 53 23 / 71 53 99
eine@harz.de
www.restaurant-glueck.auf.de

Restaurant Immergrün 196
Kleine Klausstraße 2
06108 Halle
☎ 03 45 / 5 21 60 56
immergruen@email.de
www.restaurant-immergruen.de

Ringhotel Schloss Tangermünde 24
Amt 1
39590 Tangermünde
☎ 03 93 22 / 73 73
📠 03 93 22 / 7 37 73
Rezeption@schloss-tangermuende.de
www.schloss-tangermuende.de

Rezeptverzeichnis

W

Z

Besondere Adressen für Sie entdeckt ...

ISBN 978-3-86528-504-1
24,1 cm x 30,6 cm

ISBN 978-3-86528-497-6
24,1 cm x 30,6 cm
in französischer Sprache

ISBN 978-3-86528-509-6
24,1 cm x 30,6 cm

ISBN 978-3-86528-512-6
24,1 cm x 30,6 cm

ISBN 978-3-86528-495-2
24,1 cm x 27,6 cm

ISBN 978-3-86528-477-8
24,1 cm x 27,6 cm

ISBN 978-3-86528-481-5
24,1 cm x 27,6 cm

ISBN 978-3-86528-492-1
24,1 cm x 27,6 cm

ISBN 978-3-86528-486-0
24,1 cm x 30,6 cm

ISBN 978-3-86528-443-3
24,1 cm x 30,6 cm

ISBN 978-3-86528-502-7
24,1 cm x 30,6 cm

ISBN 978-3-86528-468-6
24,1 cm x 30,6 cm

Neu in unserem Programm

EINE KULINARISCHE ENTDECKUNGSREISE ...
(Buchformat: 24,1 x 30,6 cm)

... durch Südtirol
Alla scoperta dell'arte culinaria altoatesina
Cornelia Haller, Brigitte Frank
464 Seiten, Hardcover
in deutscher und italienischer Sprache
ISBN: 978-3-86528-506-5

... durch den Chiemgau
Petra Wagner, Christian Hacker
232 Seiten, Hardcover
ISBN: 978-3-86528-521-8

... durch Sachsen-Anhalt und den Harz
Anja Kummerow, Ingo Schmidt, Inka Schneider, Stefan Gräf, Reiner Kaltenbach
240 Seiten, Hardcover
ISBN: 978-3-86528-517-1

... durch Münsterland und Osnabrücker Land mit Emsland und Grafschaft Bentheim
Magdalena Ringeling, André Chales de Beaulieu
200 Seiten, Hardcover
ISBN: 978-3-86528-523 01

... durch Nürnberg – Städteregion und Land
Barbara Kagerer, Daniel Schvarcz
200 Seiten, Hardcover
ISBN: 978-3-86528-529-01

... durch Oberbayern – der Norden und das Altmühltal
Willfried Baatz, Heiderose Engelhardt, Kilian Blees, Thomas Rathay
200 Seiten, Hardcover
ISBN: 978-3-86528-474-7

TRENDS UND LIFESTYLE
(Buchformat: 24,1 x 27,6 cm)

OLYMPIAREGION SEEFELD
Albertine Sprandel, Daniel Schvarcz
144 Seiten, Hardcover
ISBN: 978-3-86528-513-3

FREIBURG UND BREISGAU
Sigrid Hofmaier, Andreas Gerhardt
200 Seiten, Hardcover
ISBN: 978-3-86528-514-0

DRESDEN
Cornelia Haller, Frank Grätz
136 Seiten, Hardcover
ISBN: 978-3-86528-508-9

Alle Titel erhalten Sie bei Ihrer örtlichen Buchhandlung.
Für weitere Informationen über unsere Reihen wenden Sie sich direkt an den Verlag:

UMSCHAU

Neuer Umschau Buchverlag
Theodor-Körner-Straße 7
D-67433 Neustadt / Weinstraße
☎ + 49 (0) 63 21 / 877-852
Fax + 49 (0) 63 21 / 877-866
@ info@umschau-buchverlag.de
www.umschau-buchverlag.de

© fotolia/Harmonie57

Impressum

Texte
Anja Kummerow, Nürnberg
Ingo Schmidt, Goslar
Inka Schneider, Berlin

Fotografie
Stefan Gräf, Paderborn
Reiner Kaltenbach, Düsseldorf | www.kaltenbach-graef.com

Recherche
Ute Victoria Griephan, Berlin
Ingo Schmidt, Goslar

Lektorat
Monika Stumpf, Neustadt an der Weinstraße

Herstellung
Tatjana Beimler, Neustadt an der Weinstraße

Gestaltung und Satz
Kassler Grafik-Design, Leipzig | www.kassler-grafik.de

Reproduktionen
Blaschke Vision | Peter Blaschke, Freigericht

Karte
Thorsten Trantow, Kenzingen | www.trantow-atelier.de

Druck und Verarbeitung
NINO Druck GmbH, Neustadt an der Weinstraße | www.ninodruck.de

Printed in Germany
ISBN: 978-3-86528-517-1

Besuchen Sie uns im Internet
www.umschau-buchverlag.de

Titelfotografie
Stefan Gräf und Reiner Kaltenbach | www.kaltenbach-graef.com

Texte von
Anja Kummerow:
S. 72, S. 96–S. 102, S. 110–S. 123, S. 159, S. 189–S. 202, S. 210–S. 224.
Ingo Schmidt:
S. 124–S. 127, S. 134–S. 147, S. 154–S. 156, S. 160–S. 167, S. 174–S. 184.
Inka Schneider:
S. 16–S.29, S. 33–S. 58, S. 65–S. 69, S. 75–S. 81, S. 88–S. 94.

Wir möchten uns herzlich bedanken bei Uta Luise Zimmermann-Krause, die Einblicke in ihr Forschen zur Kulinarik des Mittelalters zu Zeiten Ottos des Großen gegeben hat. Nachzulesen auch in: Kaiserlich speisen wie Otto der Große: Leben im 10. Jahrhundert. Ost-Nordost Verlag, ISBN 3-938247-90-8, www.ulisakulinaris.de

Außerdem möchten wir uns bedanken für die uns freundlicherweise zur Verfügung gestellten Fotos bei:
Fotolia.com: BildPix.de (S. 12), NABU-ELBEZENTRUM (S. 23), MMKT GmbH (S. 33 oben links und unten), Classik Hotel Magdeburg/ h2 creativ, Thomas Hartmann (S. 70 unten), Burger Knäcke GmbH & Co. KG (S. 78f, S. 84 links), Travel Charme Gotisches Haus (S. 120 oben rechts und unten, S. 121), Privathotels Dr. Lohbeck/Landhaus Zu den Rothen Forellen (S. 124 oben rechts und unten), Romantikhotel Braunschweiger Hof, Bad Harzburg (S. 136 oben rechts, unten links), Rotkäppchen Sektkellerei (S. 213 rechts oben, S. 226 links), Burghotel zum Edelacker (S. 216 oben rechts und unten, S. 217) sowie für den Text auf S. 70 bei Classik Hotel Magdeburg.